Elogios a *Esperanza inconmovible*

«Creo firmemente que Dios ha ungido a mi querido amigo Max Lucado con un don especial para comunicar su pasión a esta generación. En este su cuadragésimo libro, da a conocer el modo en que las promesas de Dios nos brindan una base firme sobre la cual podemos construir nuestras vidas. La verdad es que, una vez que crees las promesas de Dios, no solo tienes esperanza, sino que tu vida cambia para siempre».

—ROBERT MORRIS, PASTOR PRINCIPAL Y FUNDADOR DE LA
CONGREGACIÓN GATEWAY CHURCH; AUTOR *BEST SELLER* DE LOS LIBROS
UNA VIDA DE BENDICIÓN, *EL DIOS QUE NUNCA CONOCÍ* Y *FRECUENCIA*

«¿Dónde hallar esperanza y fortaleza cuando las realidades de la vida nos devastan y deprimen? Me encanta la manera en que Max apunta a Jesús, nuestra eterna fuente de ayuda, al tiempo que destaca las verdades y promesas bíblicas cruciales a las que cada uno de nosotros debemos aferrarnos en medio de nuestras dificultades».

—LYSA TERKEURST, PRESIDENTA DE PROVERBS 31 MINISTRIES;
AUTORA DE *SIN INVITACIÓN*, *BEST SELLER* DEL *NEW YORK TIMES*

«La esperanza es un bien cada vez más escaso en estos tiempos. Es por eso que estoy muy agradecido por la voz de Max Lucado y su libro *Esperanza inconmovible*. Para algunas personas, este libro será un recordatorio profundamente necesario de lo que ya sabemos acerca de Dios, la vida y el futuro, pero que casi siempre olvidamos. Para muchos otros será una enseñanza sobre cómo superar el cinismo y el desaliento definitivamente, algo que el mundo necesita con desesperación».

—CAREY NIEUWHOF, PASTOR FUNDADOR DE LA CONGREGACIÓN CONNEXUS CHURCH

«La vida no sale como esperamos y la esperanza a menudo es escasa. Es entonces cuando tenemos que decidir en qué poner esta última. Con el cuidado pastoral y la compasión de un amigo, Max nos señala de nuevo la única fuente duradera de esperanza: las promesas de Dios. Esta es una lectura obligada para cualquier persona que luche con un propósito, que pelee con la desesperación o con la pérdida de la confianza».

—MARK BATTERSON, PASTOR PRINCIPAL DE NATIONAL COMMUNITY CHURCH;
AUTOR DE *El hacedor de círculos*, LIBRO *BEST SELLER* DEL *NEW YORK TIMES*

«Dios es capaz de, y está dispuesto a, hacer cosas poderosas a través del pueblo que cree en Él. Cuando nos sentimos más débiles, las inmutables promesas de Dios —que vivirá en y a través de nosotros— son nuestro salvamento. ¡Max Lucado es un héroe de la fe y un guía confiable que nos dirige en esta travesía!».

—JENNIE ALLEN, FUNDADORA Y VISIONARIA DE IF:
GATHERING; AUTORA DE *Nada que demostrar*

«Una plática con un supervisor. La decisión de un cónyuge o de un niño. Un terremoto o un accidente automovilístico. Casi todos los días, un acontecimiento inesperado o una circunstancia imprevista surgen recordándonos cuán inestable es el mundo. Con el reciente y aciago aumento de las tasas de suicidio es claro que, más que nunca, las personas están desesperadas por un lugar inmutable para construir sus vidas. Le agradezco a Dios por obrar a través del pastor Max Lucado con el fin de darnos este precioso recurso, rebosante de esperanza saturada de Escrituras, que nos lleva a la única base inquebrantable para la vida: las infalibles promesas de Dios. *Esperanza inconmovible* te acercará más al Dios que promete satisfacer todas tus necesidades y te ofrecerá puntos de anclaje basados en las Escrituras a fin de que te mantengas firme a través de las tormentas de la vida. Espero que tengas un ejemplar a mano en cada temporada de tu vida».

—LOUIE GIGLIO, PASTOR DE LA CONGREGACIÓN PASSION CITY CHURCH;
FUNDADOR DE LAS CONFERENCIAS PASIÓN; AUTOR DE *Goliat debe caer*

«Bangor es una pequeña ciudad, en Maine, con pocos vuelos diarios de entrada y salida, pero cuenta con un enorme aeropuerto internacional que tiene una pista de aterrizaje de tres kilómetros en la que pueden estacionarse los aviones más grandes del mundo. La razón es estratégica, Bangor es la primera porción de tierra estadounidense que los vuelos transatlánticos tocan después de dos mil quinientas millas de agua. Si están en peligro, no tienen que amarar en el océano si pueden llegar a Bangor. El libro que tienes en tus manos le ofrece a tu alma lo que Bangor le brinda a esas aeronaves: un lugar seguro donde aterrizar. Max Lucado hace en su cuadragésimo libro lo que le ha valido un lugar de confianza en nuestros corazones a través de los otros treinta y nueve: señala el camino a la kilométrica pista de la *esperanza inconmovible* de Dios, la cual puede soportar el peso de tu dolor».

—LEVI LUSKO, AUTOR DE *YO DECLARO LA GUERRA*

«En un mundo donde la desesperación y la ansiedad alcanzan niveles endémicos, Max nos recuerda que nuestra esperanza segura y cierta se encuentra en las inmutables promesas de Dios».

—SHEILA WALSH, AUTORA DE *EL REFUGIO DE LAS PROMEAS DE DIOS*

ESPERANZA

INCONMOVIBLE

TAMBIEN DE MAX LUCADO

ESPERANZA

INCONMOVIBLE

CÓMO EDIFICAR NUESTRAS VIDAS SOBRE

LAS PROMESAS DE DIOS

MAX LUCADO

GRUPO NELSON
Desde 1798

NASHVILLE   MÉXICO DF.   RÍO DE JANEIRO

A Mikal y Tammy Watts.
Su amor y su generosidad nos recuerdan a Jesús.
Damos gracias a Dios por su fe y su amistad inconmovibles.

Ante la promesa de Dios no vaciló...
sino que se reafirmó en su fe.

—Romanos 4.20

Contenido

Reconocimientos

Cuarenta

Noé flotó cuarenta días en el Diluvio.

Moisés pasó cuarenta años en el desierto.

En ese mismo desierto, los hebreos deambularon cuarenta años.

Jesús resistió cuarenta días de tentación.

Hay algo significativo acerca del número cuarenta.

De modo que, si me permiten mencionar el hecho, este es mi cuadragésimo libro. Nadie podría estar más agradecido que yo. Pensar que Dios permitiera que un borracho convertido, proclive a la autopromoción y al egocentrismo, escribiera una página, y mucho menos cuarenta libros, es otro testimonio más de su bondad y de su gracia.

Gracias, Padre.

Y gracias a este invalorable equipo de colegas y amigos.

- A Karen Hill y Liz Heaney, editores cuyos estándares son los más altos.

- A Carol Bartley, editora ejemplar e incomparable.
- A Steve y Cheryl Green, cuyos nombres, en algunos idiomas, significan: "fieles y verdaderos". Puesto que, en verdad, lo son.
- A los superhéroes de HCCP: Mark Schoenwald, David Moberg, Brian Hampton, Mark Glesne, Jessalyn Foggy, LeeEric Fesko, Janene MacIvor, Debbie Nichols y Laura Minchew.
- A los gerentes de equipo de marca corporativa Greg y Susan Ligon. No pueden ser más eficientes. Por lo que no podría estar más agradecido.
- A los asistentes administrativos Janie Padilla y Margaret Mechinus. Por todo lo que hacen, ¡gracias!
- Al personal de la congregación Oak Hills Church: hemos aprendido a mantenernos firmes en las promesas juntos.
- A nuestra espléndida familia: Brett, Jenna, Rosie y Max; Andrea; Jeff y Sara. Ningún padre o abuelo podría estar más orgulloso.

Y a Denalyn, mi querida esposa:
Si tuviera una pluma de poeta,
Si tuviera estrellas que darte,
Con todo y eso no podría mostrarlo,
No podría demostrar el amor que siento por ti.

CAPÍTULO 1

Las preciosas y magníficas promesas de Dios

LA PROMESA DE DIOS

Dios nos ha entregado sus preciosas y
magníficas promesas para que ustedes...
lleguen a tener parte en la naturaleza divina.

—2 Pedro 1.4

El contraste entre el rabino y el rey era marcado. El judío estaba viejo y jorobado. Estaba mal físicamente. Dos años en prisión lo habían dejado huesudo y con las mejillas enjutas y marcadas. Solo tenía unas monedas en el bolsillo y su séquito era un par de amigos. La calvicie coronaba su cabeza. Su barba era densa y gris. Vestía el sencillo manto de un maestro; de un enseñante itinerante. Comparado con el rey, era sencillo y pobre. Pero claro, comparado con ese rey la mayoría de la gente era sencilla y pobre. El rey Agripa entró en la sala de audiencia con gran pompa. Él y su hermana vestían fina ropa color púrpura. Seguidos por legionarios romanos. Agripa era el gobernante designado, el representante de la religión y el supervisor de la región.

Pablo, por el contrario, era un simple misionero. Tenía todas las razones para temer al juicio de ese monarca. El rey era el último en la dinastía Herodes; el último de los Herodes que se metería con Cristo y sus seguidores. Su bisabuelo intentó matar al niño Jesús por medio de la exterminación de todos los niños de Belén. Su tío abuelo mató a Juan el Bautista, y su papá, Agripa I, ejecutó a Santiago y encarceló a Pedro.

Podrías decir que tenían algo en contra de la gente en el círculo de Jesús.

Y ahora Pablo estaba frente a él. Estaba en la cárcel, y en problemas, por predicar sobre una nueva religión. ¿Cómo se defendería el apóstol? ¿Solicitaría clemencia? ¿Pediría un milagro? En el que podría ser el discurso más importante de su vida, ¿cómo Pablo presentaría su caso? Después de una breve presentación, dijo: «Y ahora me juzgan por la esperanza que tengo en la promesa que Dios hizo a nuestros antepasados» (Hechos 26.6).

La defensa de Pablo no incluyó ninguna referencia a sus logros. («Usted sabe, me conocen por haber resucitado a un muerto».) No exigió trato preferente. («Soy ciudadano romano».) No intentó justificar sus acciones. («Solo estaba tratando de ser imparcial».) Nada de eso. Su única justificación fue esta: «Creí en las promesas de Dios».

Y lo mismo hicieron Abraham, Isaac y Jacob. Añade a esa lista a Noé, María, a un profeta llamado Isaías y a un predicador llamado Pedro.

Los héroes en la Biblia provenían de todas las clases sociales: gobernantes, sirvientes, maestros, doctores. Había hombres, mujeres, solteros y casados. Sin embargo, los unió un denominador común: edificaron sus vidas en las promesas de Dios. Por las promesas de Dios, Noé creyó en la lluvia antes que existiera la palabra *lluvia*. Por las promesas de Dios, Abraham dejó atrás un buen hogar por uno que nunca había visto. Por las promesas de Dios, Josué dirigió a dos millones de personas a través de un territorio enemigo. Por las promesas de Dios, David derribó a un gigante, Pedro se levantó de las cenizas del remordimiento y Pablo encontró una gracia por la que valía la pena morir.

Un autor llegó incluso a llamar a esos santos «herederos de la promesa» (Hebreos 6.17). Es como si la promesa fuera la herencia familiar y ellos fueron los suficientemente listos para asistir a la lectura del testamento.

> Por la fe Noé, advertido sobre cosas que aún no se veían, con temor reverente construyó un arca para salvar a su familia [...] Por la fe Abraham, cuando fue llamado para ir a un lugar que más tarde recibiría como herencia, obedeció y salió sin saber a dónde iba [...] habitó en tiendas de campaña con Isaac y Jacob, herederos también de la misma promesa [...] Por la fe Abraham, a pesar de su avanzada edad y de que Sara misma era estéril, recibió fuerza para tener hijos, porque consideró fiel al que le había hecho la promesa [...] Por la fe Abraham, que había recibido las promesas, fue puesto a prueba y ofreció a Isaac, su hijo único (Hebreos 11.7-17).

La lista continúa por varios versículos. Jacob confió en las promesas de Dios. José confió en las promesas de Dios. Moisés confió en las promesas de Dios. Sus historias eran distintas, pero el tema era el mismo: las promesas de Dios fueron la estrella polar en su peregrinaje de fe. Y tuvieron muchísimas promesas de las cuales escoger.

Un estudioso de la Biblia pasó un año y medio tratando de contar las promesas que Dios le ha hecho a la humanidad. ¡Encontró 7.487 promesas![1] Las promesas de Dios son los pinos en las Montañas Rocosas de las Escrituras: abundantes, inquebrantables y eternas. Algunas de las promesas son positivas; bendiciones seguras. Otras son negativas; consecuencias garantizadas. Pero todas son vinculantes, no solo porque Dios es un hacedor de promesas; Él cumple sus promesas.

Cuando Dios estaba preparando a los israelitas para enfrentar una tierra nueva, les hizo una promesa.

—Mira el pacto que hago contigo —respondió el SEÑOR—. A la vista de todo tu pueblo haré maravillas que ante ninguna nación del mundo han sido realizadas. El pueblo en medio del cual vives verá las imponentes obras que yo, el SEÑOR, haré por ti (Éxodo 34.10).

Dios no enfatizó la fuerza de los israelitas. Enfatizó la suya. No destacó la capacidad de ellos. Destacó la suya. Los preparó para la travesía recalcando su capacidad para hacer y cumplir sus promesas.

Desde el primer capítulo, la Biblia argumenta a favor de la fiabilidad de Dios. En nueve ocasiones el texto reitera «dijo Dios». Y sin excepción, cuando Dios hablaba, algo ocurría. Algo maravilloso sucedía. Por decreto divino se hizo la luz, la tierra, las playas y los animales. Dios no consultó a ningún asesor. No necesitó ayuda. Habló y ocurrió. El lector solo puede llegar a una conclusión: la palabra de Dios es segura. Lo que Él dice, ocurre.

> Por la palabra del SEÑOR fueron creados los cielos,
>   y por el soplo de su boca, las estrellas.
> Él recoge en un cántaro el agua de los mares,
>   y junta en vasijas los océanos.
> Tema toda la tierra al SEÑOR;
>   hónrenlo todos los pueblos del mundo;

> porque él habló, y todo fue creado;
> dio una orden, y todo quedó firme (Salmos 33.6-9)

Cuando Dios se aclaró la garganta, apareció el cosmos. Su autoridad era indudable.

El mismo poder es evidente en Jesucristo. En una ocasión, un oficial del ejército romano le pidió a Jesús que sanara a su siervo. Jesús se ofreció para ir a la casa del hombre. El oficial se negó, diciéndole:

—Señor, no merezco que entres bajo mi techo. Pero basta con que digas una sola palabra, y mi siervo quedará sano. Porque yo mismo soy un hombre sujeto a órdenes superiores, y además tengo soldados bajo mi autoridad. Le digo a uno: «Ve», y va, y al otro: «Ven», y viene. Le digo a mi siervo: «Haz esto», y lo hace.

Al oír esto, Jesús se asombró y dijo a quienes lo seguían:

—Les aseguro que no he encontrado en Israel a nadie que tenga tanta fe.

Luego Jesús le dijo al centurión:

—¡Ve! Todo se hará tal como creíste.

Y en esa misma hora aquel siervo quedó sano (Mateo 8.8-10, 13).

¿Por qué Jesús aplaudió la fe del centurión? Porque el hombre creyó en el poder de Jesús para cumplir su palabra. De hecho, esta historia nos presenta el modo en que Jesús define la fe: *la fe es la creencia profundamente arraigada de que Dios cumplirá sus promesas*. El soldado romano entendió esa sencilla verdad: Dios no quebrantará sus promesas; en efecto, no puede hacerlo. Sus pactos son contractualmente inviolables, no están escritos en arena, sino tallados en granito. Lo que dice ocurrirá.

¡Tiene que ocurrir! Sus promesas son irrevocables debido a lo que Dios es:

- Es inmutable. Él ve el final desde el principio. Lo inesperado nunca lo toma por sorpresa. No hace correcciones a mitad de camino. No sufre los efectos de los estados de ánimo ni del tiempo. «Él nunca cambia ni varía como una sombra en movimiento» (Santiago 1.17, NTV).
- Es fiel. «Se puede confiar en que Dios cumplirá su promesa» (Hebreos 10.23, NTV).
- Él es poderoso. No promete de más ni cumple de menos. «Dios es poderoso para cumplir todo lo que promete» (Romanos 4.21, NTV).
- Él no puede mentir. «Es imposible que Dios mienta» (Hebreos 6.18). Una roca no puede nadar. Un hipopótamo no puede volar. Una mariposa no puede comerse un plato de espaguetis. No puedes acostarte a dormir sobre una nube y Dios no puede mentir. Él nunca exagera, manipula, miente ni adula. Este versículo no dice que es improbable o inverosímil que Dios mienta. No, es una afirmación contundente: ¡es imposible! La Biblia no puede ser más directa. «Dios [...] no miente» (Tito 1.2). El engaño sencillamente no es una alternativa.

Este tema de Dios como cumplidor de promesas despierta un recuerdo de mi infancia. Cuando tenía unos doce años, acompañé a mi papá a comprar unos neumáticos nuevos para el auto familiar. Papá creció en un pueblo pequeño y en tiempos más sencillos. No lo adornaban trajes elegantes ni riquezas. Era un confiable mecánico de los campos petrolíferos que amaba a su familia, pagaba sus cuentas y cumplía su palabra. Lo insultaba el que dudaras de su integridad. Y sin duda, se sintió ofendido ese día en la tienda.

Tras seleccionar los neumáticos, esperamos que las instalaran. Cuando llegó el momento de pagar, fuimos hasta el mostrador y me paré al lado de mi papá mientras él escribía el cheque. El dependiente miró el cheque y le pidió que presentara alguna identificación. Hoy esa es una práctica común e incuestionable, pero, en los años sesenta, raras veces un comerciante pedía alguna verificación.

Papá se sorprendió.

—¿Usted no cree que soy yo quien dice ese cheque que soy?

El dependiente se avergonzó.

—Les exigimos esto a todos los clientes.

—¿Piensa usted que soy deshonesto?

—No es eso, caballero.

—Si usted no cree que soy un hombre de palabra, puede quitar los neumáticos.

Recuerdo que hubo un largo e incómodo silencio mientras el dependiente ponderaba sus opciones.

Nos fuimos con los neumáticos. Y me fui a casa con una lección de integridad. La gente buena se toma en serio el cumplir su palabra. ¿Cuánto más serio lo es un Dios bueno? Lo que se dijo sobre la fidelidad de Dios hacia Israel puede decirse sobre su fidelidad con nosotros. «Ni una sola de las buenas promesas del Señor a favor de

Israel dejó de cumplirse, sino que cada una se cumplió al pie de la letra» (Josué 21.45).

La pregunta no es si Dios cumplirá sus promesas, sino: ¿edificaremos nuestras vidas sobre ellas?

Tengo muchas peculiaridades y una de ellas es que mi dedo pulgar izquierdo tiembla. Lo ha hecho por casi una década. Es como si mi pulgar se la pasara goteando cafeína. Si tomo un vaso de refresco con mi mano izquierda, lo derramo. Pero como no soy zurdo, el temblor no me molesta. En realidad, lo uso para iniciar conversaciones. («Oye, ¿puedo mostrarte mi pulgar tembloroso? Ahora muéstrame tus peculiaridades».)

Ya me acostumbré a ese temblor en el dedo. Sin embargo, al principio, no estaba tan tranquilo. El temblor me estremecía. Pensaba que tenía algo desconectado. Debido a que mi padre falleció de ALS, mi imaginación asumió lo peor. La situación fue especialmente desconcertante porque el pulgar izquierdo me sigue a todos lados. Cuando me peino, allí está Viejo tambaleante. Cuando hago un *putt*, ¿adivinan quién no puede calmarse? Si levanto la mano izquierda para recalcar un punto en un sermón, es posible que no confíes en lo que digo debido a los nudillos temblorosos.

Marqué una cita con el neurólogo y entré a su oficina con la boca seca y con temor. Él revisó mi análisis de sangre y me examinó a mí. Me hizo caminar, mantener el equilibrio y girar algunos platos en mi dedo. (Es una broma. Él no me hizo caminar). Golpeó mi rodilla con un martillo de goma y me hizo algunas preguntas. Luego, después de un tiempo interminablemente largo, dijo:

—No hay necesidad de preocuparse.

—¿Está seguro?

—Estoy seguro.

—¿Sin tratamiento?

—No.

—¿No tengo que usar una silla de ruedas?

—No, no por lo que puedo ver.

—¿Está seguro?

Luego hizo algo profundo.

—Lo prometo —me aseguró—. El temblor en el pulgar no es nada de qué preocuparse.

Así que salté y le di las gracias y me fui. Me sentí mejor. Subí al auto y comencé el camino de regreso a casa. Mientras me detuve en un semáforo, noté mi mano izquierda en el volante. ¿Puedes adivinar qué estaba haciendo mi pulgar? Sí. Estaba temblando.

Por primera vez desde que apareció el temblor, tuve la oportunidad de verlo de manera diferente. Podría reflexionar sobre el problema, o podría recordar la promesa. Podría elegir la ansiedad, o podría elegir la esperanza. Opté por la esperanza. Aunque parezca cursi, puedo recordar haber dicho a mi pulgar: «No estás recibiendo más de mi atención. El doctor me hizo una promesa. Eres inofensivo». A partir de aquel momento, cada vez que el pulgar se comporta mal, recuerdo la promesa del médico.

¿Qué está temblando en tu mundo? Probablemente no sea tu pulgar, pero tal vez sea tu futuro, tu fe, tu familia o tus finanzas. Alrededor hay un mundo que tiembla.

¿Podrías tener un poco de esperanza inconmovible?

Si es así, no eres el único. Vivimos en tiempos de desesperanza. La tasa de suicidios en Estados Unidos ha aumentado en un veinticuatro por ciento desde 1999.[2] ¡Veinticuatro por ciento! Si una enfermedad tuviera ese tipo de incremento diríamos que es una epidemia. ¿Cómo explicamos ese aumento? Nunca hemos sido más educados. Tenemos herramientas tecnológicas que nuestros padres nunca habrían soñado. Estamos saturados de entretenimiento y diversión. Sin embargo, más gente que nunca está orquestando su propia muerte. ¿Cómo es eso posible?

Quizás esta sea una de las respuestas: la gente se está muriendo por falta de esperanza. El secularismo cautiva la esperanza de la sociedad. Reduce el mundo a unas pocas décadas entre el nacimiento y el ataúd. Mucha gente piensa que nada es mejor que este mundo y, seamos objetivos, no es tan bueno.

Sin embargo, la gente de la promesa tiene una ventaja. Ellos deciden meditar, proclamar y orar las promesas de Dios. Son como Abraham que «nunca dudó de que Dios cumpliría su promesa. Al contrario, su confianza era cada vez más firme» (Romanos 4.20, TLA).

Ven la vida a través de las promesas de Dios. Cuando surgen los problemas, los puedes oír diciéndose a sí mismos: «Pero Dios dijo...». Cuando las dificultades amenazan, puedes verlos pasando las páginas de la Biblia y diciendo: «Me parece que Dios dijo algo sobre esto». Cuando consuelan a otros, son propensos a preguntar: «¿Conoces la promesa de Dios sobre este tema?».

Las promesas de Dios sirven como los estantes de medicamentos en una farmacia. De la misma forma que un médico te recetaría una medicina para tu cuerpo, Dios nos ha dado promesas para el corazón. Y las comparte como regalos de amigo a amigo. «El SEÑOR brinda su amistad a quienes le honran, y les da a conocer su pacto» (Salmos 25.14).

Dios nos ha dado una promesa para cada problema de la vida. Que tu objetivo sea familiarizarte de tal forma con ellas que puedas escribirte a ti mismo una receta.

- Hoy me siento temeroso. Es tiempo de abrir un frasco de Jueces 6.12: «¡El SEÑOR está contigo!». Requeriré la cercanía de Dios.
- Siento que el mundo está descontrolado. Es tiempo para una dosis de Romanos 8.28: «Dios dispone todas las cosas para el bien de quienes lo aman».
- Veo nubes oscuras en el horizonte. ¿Qué fue lo que Jesús me dijo? Ah, ya lo recuerdo: «En este mundo afrontarán aflicciones, pero ¡anímense! Yo he vencido al mundo» (Juan 16.33).

Después de cuarenta años (¡!) de ministerio he descubierto que nada eleva al alma cansada como las promesas de Dios. Este libro incluye algunas de mis preferidas. Muchas de ellas son las mismas a las que he recurrido a través de los años para animar a otros. Y para animarme a mí también. Las necesitamos desesperadamente. No necesitamos más opiniones ni corazonadas; necesitamos las declaraciones definitivas de nuestro poderoso y amoroso Dios. Él gobierna el mundo de acuerdo con esas maravillosas y preciosas promesas.

Las circunstancias de la vida o las promesas de Dios... ¿en cuáles de ellas te estás apoyando?

Jesús contó una historia sobre dos constructores de casas. Tenían materiales y planes similares, además de aspiraciones idénticas. Cada uno quería construir una casa. Pero uno prefirió el terreno de arena, barato y fácil de conseguir. El otro optó por el cimiento de piedra, que era más costoso, pero más duradero.

Por tanto, todo el que me oye estas palabras y las pone en práctica es como un hombre prudente que construyó su casa sobre la roca. Cayeron las lluvias, crecieron los ríos, y soplaron los vientos y azotaron aquella casa; con todo, la casa no se derrumbó porque estaba cimentada sobre la roca. Pero todo el que me oye estas palabras y no las pone en práctica es como un hombre insensato que construyó su casa sobre la arena. Cayeron las lluvias, crecieron los ríos, soplaron los vientos y azotaron aquella casa. Esta se derrumbó, y grande fue su ruina (Mateo 7.24-27).

¿Qué separa al prudente del insensato? Los dos hombres escuchan las palabras de Dios. Pero solo el prudente edifica su casa sobre ellas.

¿Cómo está aguantando tu cimiento? Me pregunto si la versión moderna de la parábola leería algo como lo que sigue:

Dos personas se dispusieron a construir sus casas. El primero fue a la tienda de materiales de construcción RDM: Remordimiento, dolor y miedo. Allí ordenó madera podrida por la culpa, clavos enmohecidos por el dolor y cemento aguado por la ansiedad. Como había construido su casa con los materiales de RDM, cada día era consumido por el remordimiento, el dolor y el miedo.

La segunda persona escogió un proveedor distinto. Compró sus materiales en Esperanza, Inc. En vez de escoger remordimiento, dolor y miedo, encontró abundantes promesas de gracia, protección y seguridad. Tomó la decisión consciente y deliberada de construir una vida con los materiales del almacén de la esperanza.

¿Cuál de los dos constructores fue más sabio? ¿Cuál de los dos fue más feliz? ¿Cuál de los dos se parece más a ti?

Por cierto, al expresar estas palabras me estoy apoyando en una promesa.

La lluvia y la nieve descienden de los cielos y quedan en el suelo para regar la tierra. Hacen crecer el grano, y producen semillas para el agricultor y pan para el hambriento. Lo mismo sucede con mi palabra. La envío y siempre produce fruto; logrará todo lo que yo quiero, y prosperará en todos los lugares donde yo la envíe (Isaías 55.10, 11, NTV).

Fíjate en la certeza de la promesa de Dios. La Palabra de Dios «siempre produce fruto; logrará todo lo que yo quiero, y prosperará en todos los lugares donde yo la envíe».

Visualiza las palabras de Dios cayendo como lluvia del cielo sobre ti. Imagina estas promesas como suaves lluvias de primavera. Recíbelas. Permite que te cubran, que te empapen. Confío en que las palabras de Dios prosperarán en tu vida. ¿Me acompañas a creer esta promesa?

Según Pedro, las promesas de Dios no son solo excelentes, son «magníficas». No son solo valiosas, son «preciosas» (2 Pedro 1.4). Colocarlas alrededor de tu cuello es adornarte con las joyas más finas del universo. Es a través de las *preciosas y magníficas promesas* que participamos en la naturaleza de Dios. Ellas nos llevan a una nueva realidad, a un entorno sagrado. Son las señales destinadas a alejarnos del pantano tóxico y dirigirnos al aire limpio del cielo. Están allí como piedras doradas en el sendero al mundo de Dios. Son peñas fuertes que forman el puente sobre el que pasamos de nuestro pecado a la salvación. Las promesas son la espina dorsal de la Biblia.

Dwight Moody lo dijo así:

Permite que un hombre se alimente por un mes con las promesas de Dios y no hablará de su pobreza [...] Si solo fueras desde Génesis hasta Apocalipsis y vieras todas las promesas que Dios hizo a Abraham, a Isaac, a Jacob, a los judíos y a los gentiles, y a todo su pueblo en todas partes; si pasaras un mes alimentándote con las preciosas promesas de Dios, no andarías [...] quejándote de lo pobre que eres, sino que elevarías tu rostro con confianza y proclamarías las riquezas de su gracia, porque no podrías evitarlo.[3]

Seamos lo que fuimos hechos para ser —gente de la promesa. Mantén esta declaración a mano. Dilo en voz alta. Llena tus pulmones de aire y tu corazón con esperanza, y que el mismo diablo te escuche declarar tu creencia en la bondad de Dios.

Estamos construyendo nuestras vidas en las promesas de Dios.
Debido a que su Palabra es irrompible, nuestra esperanza es inquebrantable.
No nos ponemos de pie sobre los problemas de la vida o el dolor en la vida.
Nos mantenemos firmes en las grandes y preciosas promesas de Dios.

CAPÍTULO 2

Estampados con la imagen de Dios

LA PROMESA DE DIOS

Hagamos al ser humano a nuestra
imagen y semejanza.

—Génesis 1.26

Hace algún tiempo, filmé un mensaje para nuestra iglesia. Contratamos un equipo de rodaje y manejamos hasta El Álamo. Escogimos un banco frente al monumento de la libertad de Texas, preparamos el equipo y pusimos manos a la obra.

Cuatro trabajadores supervisaban las imágenes y el sonido con luces y cámaras. Yo me senté en un banco tratando de reflexionar. Sospecho que parecíamos profesionales. Los transeúntes comenzaron a detenerse; algunos comenzaron a mirar. *¿Quién es ese tipo? ¿Qué están filmando?*

La curiosidad de una mujer estalló en una pregunta que me gritó desde donde estaba el equipo de rodaje. «¿Es usted alguien importante?».

Toda alma en la tierra se ha hecho la misma pregunta. No sobre un pelirrojo sentado en un banco, por supuesto, sino con respecto a ellos mismos.

¿Soy alguien importante?

Es fácil sentirse cualquier cosa, excepto alguien importante, cuando la empresa te ve como un número, el novio te trata como ganado, tu ex te roba la energía o la vejez se lleva tu dignidad. ¿Alguien importante? Difícilmente.

Cuando luches con esa pregunta, recuerda esta promesa de Dios: fuiste creado por Dios, a imagen de Dios, para gloria de Dios.

Y [Dios] dijo: «Hagamos al ser humano
    a nuestra imagen y semejanza.
Que tenga dominio sobre los peces del mar,
    y sobre las aves del cielo;
sobre los animales domésticos,
    sobre los animales salvajes,
    y sobre todos los reptiles
      que se arrastran por el suelo» (Génesis 1.26).

Grabadas en estas palabras descansa la promesa más extraordinaria: Dios nos creó para reflejar la imagen de Él.

Dios nos creó para que nos pareciéramos más a Él que ninguna otra cosa creada. Él nunca declaró: «Hagamos el océano a nuestra imagen» ni «las aves a nuestra semejanza». Los cielos reflejan la gloria de Dios, pero no fueron creados a imagen de Dios. Pero nosotros sí.

Aclaremos algo: nadie es un dios sino en su falsa ilusión. Pero todo el mundo es portador de algún atributo transmisible de Dios. Sabiduría. Amor. Gracia. Bondad. Anhelo por la eternidad. Estos son solo algunos de los atributos que nos separan de los animales y sugieren que llevamos las huellas dactilares del Creador divino. Somos creados a *su imagen* y a *su semejanza*.

Estos términos se autodefinen algunos capítulos más adelante. «Cuando Adán llegó a la edad de ciento treinta años, tuvo un hijo a su imagen y semejanza, y lo llamó Set» (Génesis 5.3). Set llevaba la imagen y semejanza de su padre. Tal vez haya tenido el pelo rizado o los ojos oscuros de su padre. Aparte de que tenía un ombligo, Set se parecía a Adán en muchos aspectos.

Lo mismo puede decirse de nosotros. Nos «parecemos» a Dios en muchas cosas. Esta promesa no tiene excepciones. Todo hombre y toda mujer, nacido o antes de nacer, rico o pobre, citadino o campesino, es creado a imagen de Dios. Algunos la disimulan. Otros la realzan. Pero todos fuimos creados a imagen de Dios.

El pecado ha distorsionado esta imagen, pero no la ha destruido. Nuestra pureza moral ha sido manchada. Nuestro intelecto ha sido contaminado con ideas necias. Nos hemos convertido en víctimas del elixir de la autopromoción más que de la promoción divina. A veces es difícil discernir la imagen de Dios. Pero no pienses ni por un momento que Él ha rescindido su promesa o alterado su plan. Todavía crea personas a su imagen, para llevar su semejanza y reflejar su gloria.

El Nuevo Testamento describe la obra progresiva de Dios para moldearnos a su imagen. A medida que nos relacionamos con Él, leemos su Palabra, obedecemos sus mandamientos y tratamos de entender y reflejar su carácter, algo maravilloso emerge. O, mejor dicho, *Alguien* maravilloso emerge. Dios sale de nosotros. Decimos cosas que Dios diría. Hacemos cosas que Dios haría. Perdonamos, compartimos y amamos. Es como si Dios estuviera estregando una moneda vieja manchada. Poco a poco comienza a aparecer una imagen.

El objetivo de Dios es simplemente este: quitar cualquier cosa que no sea de Él para que la imagen innata de Dios pueda verse en nosotros.

Veamos la explicación de Dios a través del apóstol Pablo.

Se han quitado el ropaje de la vieja naturaleza con sus vicios, y se han puesto el de la nueva naturaleza, que se va renovando en conocimiento a imagen de su Creador (Colosenses 3.9, 10).

Nosotros [...] somos transformados a su semejanza con más y más gloria por la acción del Señor, que es el Espíritu (2 Corintios 3.18).

La sicología popular se equivoca cuando te dice que mires tu interior para que encuentres tu valor. Las revistas se equivocan cuando sugieren que solo eres bueno si eres delgado, musculoso, si no tienes granitos o si estás perfumado. Las películas te confunden cuando implican que tu valor aumenta en la misma medida que tu resistencia, tu inteligencia o tu valor neto. Los líderes religiosos mienten cuando te instan a calificar tu importancia según tu asistencia a la iglesia, tu autodisciplina o tu espiritualidad.

Según la Biblia eres bueno simplemente porque Dios te hizo a su imagen. Punto. Dios te valora porque te pareces a Él. Y solo te sentirás satisfecho cuando participes en tu papel como portador de la imagen de Dios. Esa fue la perspectiva del rey David: «En cuanto a mí, veré tu rostro en justicia; estaré satisfecho cuando despierte a tu semejanza» (Salmos 17.15, RVR60).

Aférrate a esta promesa y ahórrate un mundo de confusión y miedo. Cuánta tristeza se disiparía si cada persona simplemente decidiera creer esto: *Fui hecho para la gloria de Dios y creado a su imagen.*

Cuando estaba por sentarme a revisar este capítulo, mi hija Jenna entró a mi oficina. Está redondita como una mariquita. En seis semanas, si Dios lo permite, dará a luz a una niñita. ¿Puedo decirte algo sobre esa bebé? La amo. Nunca la he visto, pero la amo.

Nunca ha hecho nada para ganarse mi amor. Pero la amo. Nunca me ha traído café ni me ha dicho abuelito. Nunca me ha cantado ni bailado una canción. ¡No ha hecho nada!

Pero aun así ya la amo.

Haría cualquier cosa por ella, y no es una exageración.

¿Por qué? ¿Por qué la amo así? Porque ella lleva algo de mí. Una parte pequeñita, pero aun así es una parte de mí.

¿Por qué Dios te ama con un amor eterno? No tiene nada que ver contigo. Tiene todo que ver con a quién le perteneces. Eres de Él. Llevas una parte de Él. Hay algo de Él en ti. Te creó a su imagen. Él estampó su nombre en tu corazón. Él insufló vida en tus pulmones.

Alguien dijo que eras una causa perdida. Alguien te puso el sello de fracasado. Alguien te desestimó por insignificante. No los escuches. No saben de qué están hablando. En ti hay una chisma divina. Cuando le dices sí a Dios, Él sopla esa brasa divina y comienza a arder. Crece día a día en tu interior. ¿Eres perfecto? No. Pero estás siendo hecho perfecto. Él te compró, le perteneces y siente por ti un amor extraordinario e inexplicable. Su amor por ti no depende de ti.

Tú eres idea de Dios. Eres hijo o hija de Dios. Creado o creada a imagen de Dios.

¿Dejarías que esta verdad se abriera paso hasta tu corazón? Fuiste concebido por Dios antes que tus padres te concibieran. Fuiste amado en el cielo antes que fueras conocido en la tierra. No eres un accidente. No eres un capricho de la genética ni de la evolución. No te definen los kilogramos que pesas, ni cuántos seguidores tienes ni el auto que manejas ni la ropa que usas.

Ejecutivo empresarial o desempleado... no importa.

Favorito en la lista o ni apareces en ella... no importa.

De sangre azul o huérfano... no importa.

Inteligentísimo o muy poco... no importa.

Jugador estelar o el último de la banca... no importa.

Fuiste creado a imagen de Dios. Imprime eso en tu currículo. Eres un diamante, una rosa y una joya comprados por la sangre de Jesucristo. A los ojos de Dios vale la pena morir por ti. ¿Dejarías que esta verdad definiera tu manera de verte a ti mismo?

¿Permitirías que esta verdad definiera tu manera de ver a otras personas? Cada persona que ves fue creada por Dios para llevar su imagen y merece ser tratada con dignidad y respeto. Esto significa que *todas* las personas merecen ser vistas por lo que son: portadores de la imagen de Dios.

Imagínate el efecto que tendría esta promesa en la sociedad que la adoptara. ¡Cuánta cortesía engendraría! ¡Cuánta bondad promovería! El racismo no prosperaría si la gente creyera que sus vecinos llevan la imagen de Dios. Las rencillas no tendrían combustible si la gente creyera que sus adversarios son idea de Dios. ¿Maltrataría un hombre a una mujer? No si cree que ella lleva el sello de Dios. ¿Descuidaría un jefe a su empleado? No si creyera que el empleado lleva una chispa divina. ¿Daría la sociedad por perdidos al indigente, al enfermo mental, al prisionero sentenciado a muerte o al refugiado? No si creemos, si realmente creemos, que todos los seres humanos son idea de Dios. Y Él no tiene malas ideas.

Tú y yo fuimos creados por Dios para conocerlo y darlo a conocer.

Los niños tienden a decir: «¡Mírame!». En el triciclo: «¡Mira cómo lo monto!». En el trampolín: «¡Mira cómo brinco!». En el columpio: «¡Mira cómo me mezo!». Ese tipo de conducta es aceptable en los niños. No obstante, muchos adultos viven diciendo lo mismo. «¡Mírame manejando este auto de lujo!». «¡Mira todo el dinero que gano!». «Mira cómo me visto con ropa provocativa, cómo uso palabras sofisticadas o cómo flexiono mis músculos. ¡Mírame!».

¿No te parece que es tiempo de crecer? Fuimos creados para tener una vida que diga: «¡Mira a Dios!». La gente debe mirarnos y no vernos a nosotros, sino que vean la imagen de nuestro Hacedor.

Ese es el plan de Dios. Es la promesa de Dios. ¡Y la cumplirá! Él nos hará a su imagen.

CAPÍTULO 3

Los días del diablo están contados

LA PROMESA DE DIOS

Muy pronto el Dios de paz aplastará a
Satanás bajo los pies de ustedes.

—Romanos 16.20

No nos sorprende lo que pensaban los que iban de pícnic. Ellos no fueron los primeros ni los últimos en empacar algunos alimentos y salir de excursión un domingo en la tarde. Después de todo, era un tranquilo y soleado día de julio. Un paseo a la campiña era agradable. No, no fueron las cestas de pícnic las que hicieron que ese séquito fuera notable. Fue adónde arribaron para merendar.

Llegaron a un campo de batalla. El 21 de julio de 1861, muchos residentes de Washington montaron a caballo y en sus carricoches para ir a Manassas a ver a sus soldados unionistas terminar con lo que ellos pensaban que sería una rebelión breve. Su intención era sentarse sobre sus mantas, comer pollo y animarlos a la distancia.

Un soldado los describió como una «multitud de excursionistas [...] Llegaron en distintos medios, algunos en carruajes elegantes, otros en rocines del ayuntamiento y otros en carretas, a caballo y hasta a pie [...] Era domingo y parecía que todo el mundo había tomado un día festivo oficial».[1]

Un reportero del *London Times* señaló: «Todos los espectadores estaban entusiasmados, una dama con binoculares de ópera [...] estaba bastante fuera de sí [ante el ruido de] un estallido excepcionalmente fuerte [...] "Magnífico, ¡oh, Dios! ¿No les parece de primera?"».[2]

Sin embargo, la realidad los sorprendió muy pronto. Al escuchar los sonidos de la artillería, al ver la sangre y alcanzar a oír los gritos de los soldados heridos, la gente se dio cuenta de que aquello no era un pícnic. Así que los padres agarraron a sus hijos y los esposos llamaron a sus esposas. Se montaron en sus carruajes y en sus caballos. Algunos quedaron «atrapados en una estampida de soldados unionistas en retirada».[3] Un espectador —congresista de Nueva York— fue capturado por los soldados confederados y mantenido como prisionero durante casi seis meses.[4]

Esa fue la última vez que unos espectadores llegaron a un campo de batalla con cestas de pícnic. ¿O no es así?

¿Será posible que cometamos un error parecido? ¿Es posible que aceptemos una falsa premisa similar? ¿Será posible que hagamos hoy lo que aquellos residentes de Washington hicieron entonces? Según la Biblia, estamos en una guerra feroz y violenta.

Porque nuestra lucha no es contra seres humanos, sino contra poderes, contra autoridades, contra potestades que dominan este mundo de tinieblas, contra fuerzas espirituales malignas en las regiones celestiales. Por lo tanto, pónganse toda la armadura de Dios, para que cuando llegue el día malo puedan resistir hasta el fin con firmeza. Manténganse firmes, ceñidos con el cinturón de la verdad, protegidos por la coraza de justicia, y calzados con la disposición de proclamar el evangelio de la paz. Además de todo esto, tomen el escudo de la fe, con el cual pueden apagar todas las flechas encendidas del maligno (Efesios 6.12-16).

La Biblia nombra al enemigo real y evidente de nuestra fe: el diablo. La palabra griega para «diablo» es *diábolos*, y comparte la raíz con el verbo *diaballein*, que significa «dividir».[5] El diablo es un provocador de divisiones, un separador, un creador de brechas. Él separó a Adán y a Eva de Dios en el huerto, y también le encantaría separarte a ti de Él. Quiere llevarse a los incrédulos al infierno y hacerles la vida un infierno a los creyentes.

¿Te parecen anticuados estos pensamientos? ¿Archivas las discusiones sobre el diablo en la carpeta etiquetada «superstición» o «religión arcaica»? Si es así, no eres el único que lo hace. De acuerdo con una investigación de Barna Group, «Cuatro de cada diez cristianos (40 %) están firmemente de acuerdo con que Satanás "no es un ser viviente, sino un símbolo de maldad". Otros dos de cada diez cristianos (19 %) dijeron que están "bastante de acuerdo" con esa perspectiva. Una minoría de cristianos [35 %] indicó que creen que Satanás es real [...] El resto [de los participantes] no estaban seguros de lo que creían sobre la existencia de Satanás».[6]

En otras palabras, la mayoría de los cristianos se niega a creer en la existencia de Satanás.

Sin duda, el ridículo y el escepticismo con que el diablo es visto en la actualidad deben agradarle muchísimo. Mientras que no lo tomen en serio, él es libre para llevar a cabo su plan maligno. A fin de cuentas, si no puedes diagnosticar la raíz de tus males, ¿cómo puedes luchar contra ellos? El diablo quiere hacer de tu vida un desastre y mantenerse anónimo.

Dios, sin embargo, no se lo permite.

La Biblia rastrea las actividades de Satanás hasta un momento de rebelión que ocurrió entre la creación del universo y la aparición de la serpiente en el huerto. Cuando Dios creó el mundo, «miró todo lo que había hecho, y consideró que era muy bueno» (Génesis 1.31). En el principio todo era bueno. Cada gota de agua, cada árbol, cada animal y, por extensión, cada ángel. Sin embargo, en algún momento entre los hechos descritos en Génesis 1 y los que se describen en Génesis 3, uno de ellos encabezó una revuelta contra Dios y fue expulsado del cielo. El profeta Ezequiel describe la caída.

Así dice el SEÑOR omnipotente:

«Eras un modelo de perfección,
lleno de sabiduría y de hermosura perfecta.
Estabas en Edén, en el jardín de Dios [...]
Fuiste elegido querubín protector,
porque yo así lo dispuse.

Estabas en el santo monte de Dios,
y caminabas sobre piedras de fuego.
Desde el día en que fuiste creado
tu conducta fue irreprochable,
hasta que la maldad halló cabida en ti» (Ezequiel 28.12-15).

¿A quién le estaba hablando Dios? Este ser

- estaba en el Edén,
- fue elegido como un ángel protector,
- habitaba en el santo monte de Dios, y
- su conducta fue irreprochable hasta el día en que apareció la maldad.

¿Quién podría ser sino Satanás? Esta profecía es nada menos que la descripción de la caída del diablo.

Por la abundancia de tu comercio,

te llenaste de violencia, y pecaste.

Por eso te expulsé del monte de Dios,

como a un objeto profano.

A ti, querubín protector,

te borré de entre las piedras de fuego.

A causa de tu hermosura

te llenaste de orgullo.

A causa de tu esplendor,

corrompiste tu sabiduría.

Por eso te arrojé por tierra,

y delante de los reyes

te expuse al ridículo (vv. 16, 17).

El corazón de Lucifer se llenó de orgullo. No se contentó con adorar; quiso ser adorado (Isaías 14.12-15). No se satisfizo con postrarse ante el trono de Dios; quiso sentarse en él. No es de extrañar que el orgullo sea un pecado que Dios aborrece (Proverbios 6.16, 17; 8.13). No es de extrañar que Pablo instó a Timoteo a que no se apresurara a promover a un recién convertido «no sea que se vuelva presuntuoso y caiga en la misma condenación en que cayó el diablo» (1 Timoteo 3.6).

Satanás sucumbió al orgullo y como resultado fue expulsado del cielo. Jesús se refirió a ese desalojo diciendo: «Yo veía a Satanás caer del cielo como un rayo» (Lc 10.18, RVR60). Cuando un rayo cae, el descenso es breve y eléctrico. Cuando Satanás cayó, su descenso fue igual.

Sin embargo, aunque fue expulsado del cielo, no está fuera de nuestras vidas. «Sean prudentes y manténganse despiertos, porque su enemigo el diablo, como un león rugiente, anda buscando a quien devorar» (1 Pedro 5.8, DHH). Él no «viene más que a robar, matar y destruir» (Jn 10.10). ¿Estás disfrutando de la felicidad? Satanás quiere robártela. ¿Has descubierto la alegría? Él tratará de matarla. ¿Amas a tu cónyuge? A Satanás le encantaría destruir tu matrimonio. Él es el enemigo del destino que Dios te ha dado y anhela ser el destructor de tu alma.

No lo ignores.

Coincide con el testigo de las Escrituras. Desde la primera página de la Biblia hasta la última, se nos confronta con una fuerza arrogante y anti Dios que es muy astuta y poderosa. Es el diablo, la serpiente, el maligno, el león, el malo, el príncipe de este mundo, el príncipe de la potestad del aire, Beelzebú y Belial. Él supervisa un conglomerado de fuerzas espirituales: principados, poderes, dominios, tronos, príncipes, señores, dioses, ángeles y espíritus malvados e impuros.

Satanás apareció en el huerto al principio. Él es lanzado al fuego al final. Tentó a David, desconcertó a Saúl y emprendió un ataque contra Job. Está en los Evangelios, en el libro de Hechos, en los escritos de Pablo, Pedro, Juan, Santiago y Judas. Los estudiantes serios de las Escrituras deben tomar en serio a Satanás.

Jesús lo hacía. Él enfrentó a Satanás en el desierto (Mateo 4.1-11). Lo identificó como aquel que arrebata la buena noticia del corazón de los oidores (Marcos 4.15; Mateo 13.19). Antes de la crucifixión Jesús proclamó: «El príncipe de este mundo va a ser expulsado» (Juan 12.31). Jesús no vio a Satanás como una imagen mitológica ni como una invención alegórica. Vio al diablo como un narcisista sobrehumano. Cuando Jesús nos enseñó a orar, no dijo: «Líbranos de las emociones nebulosas y negativas». Al contrario, dijo: «Líbranos del maligno» (Mateo 6.13).

Así que le damos ventaja al diablo cuando pretendemos que no existe. El diablo es un diablo real.

Sin embargo, y esto es importantísimo, *el diablo es un diablo derrotado.* Si Satanás leyera la Biblia (algo que jamás haría), se desanimaría mucho. Todas las referencias lo aclaran muy bien: los días del diablo están contados.

«De esa manera, desarmó a los gobernantes y a las autoridades espirituales. [Jesús] los avergonzó públicamente con su victoria sobre ellos en la cruz» (Colosenses 2.15, NTV). Jesús despojó a Satanás de una victoria segura. Él y sus secuaces han sido restringidos con una rienda muy corta hasta el juicio final. Ese día, el gran Día, Jesús arrojará a Satanás al abismo y de allí jamás regresará (2 Pedro 2.4; Judas 6). El diablo tendrá su día y aunque parezca que tiene influencia, Dios dirá la última palabra y, al final, ganará la partida.

Mi amigo Carter Conlon ha sido ministro en la ciudad de Nueva York por más de dos décadas. Sin embargo, vivió la mayor parte de su juventud en una finca. Él recuerda una escena campestre que ilustra la condición de Satanás. Había una familia de gatos que vivía en el establo. A menudo, se veía a la mamá gata y a un ratón por el campo. Ella lo provocaba y lo atormentaba hasta que el ratón quedaba exhausto. Luego llevaba el roedor a sus gatitos para enseñarles cómo cazarlo y matarlo. Carter recuerda cómo el ratón, cuando veía a los gatitos, se levantaba en sus patas traseras y se preparaba para pelear. El roedor les mostraba sus dientecitos amarillos y sacaba sus pequeñas garras. Luego intentaba chillar. Su única esperanza era convencer a los gatitos de que era algo distinto a lo que de verdad era: un ratón derrotado, débil y superado en número. Ya estaba perdido. Los gatitos ni siquiera tenían que pelear para lograr la victoria.[7]

Jesús ya derrotó a la rata del cielo. Mantente alerta con el diablo, pero no te sientas intimidado por él. Aprende a reconocer su hedor. Como él viene a robar, matar y destruir (Juan 10.10), dondequiera que veas robo, muerte y destrucción, recurre a Dios en oración. Como su nombre proviene del verbo «dividir», dondequiera que veas divorcio, rechazo y aislamiento, sabes quién es el culpable. Acude inmediatamente a la Biblia. Afírmate en las promesas de Dios con respecto a Satanás:

Así el Dios de paz pronto vencerá a Satanás, y lo pondrá bajo el dominio de ustedes (Romanos 16.20, TLA).

El Espíritu que vive en ustedes es más poderoso que el espíritu que vive en el mundo (1 Juan 4.4, NTV).

Dios es fiel, y no permitirá que ustedes sean tentados más allá de lo que puedan aguantar (1 Corintios 10.13).

Resistan al diablo, y él huirá de ustedes (Santiago 4.7).

El diablo, lleno de furor, ha descendido a ustedes, porque sabe que le queda poco tiempo (Apocalipsis 12.12)

Pónganse toda la armadura de Dios [...] ceñidos con el cinturón de la verdad, protegidos por la coraza de justicia, y calzados con la disposición de proclamar el evangelio de la paz. Además de todo esto, tomen el escudo de la fe, con el cual pueden apagar todas las flechas encendidas del maligno (Efesios 6.3-16).

Los soldados saben que no deben entrar al campo de batalla vistiendo solo pantalones cortos y sandalias. Ellos tienen el cuidado de prepararse. Llevan todas las armas para la pelea.

¡Lo mismo tenemos que hacer nosotros! Cada conflicto es una lucha con Satanás y sus fuerzas. Por eso, «aunque andamos en la carne, no militamos según la carne; porque las armas de nuestra milicia no son carnales, sino poderosas en Dios para la destrucción de fortalezas» (2 Corintios 10.3, 4, RVR60).

¿Cuáles son estas armas? La oración, la adoración y las Escrituras. Cuando oramos, empleamos el poder de Dios en contra del diablo. Cuando adoramos, hacemos lo que Satanás mismo no hizo: colocamos a Dios en el trono. Cuando tomamos la espada de la Escritura, hacemos lo que Jesús hizo en el desierto. Le respondió a Satanás proclamando la verdad. Y como Satanás sufre de una alergia severa a la verdad, dejó en paz a Jesús.

Satanás no se quedará por mucho tiempo donde se alaba y se ora a Dios.

Quizás sea cruel, pero Satanás no triunfará.

A veces, sé el nombre del ganador antes que termine el partido. Como soy pastor, con frecuencia, no puedo ver los partidos de fútbol americano del domingo. Mientras estoy predicando, los equipos están jugando. Sin embargo, no me quejo porque tengo la opción de grabar los partidos. Y eso es lo que hago.

No obstante, hay muchos domingos en los que un feligrés bienintencionado recibe un mensaje de texto o un correo electrónico y se entera del resultado final del partido y siente el deber de informármelo. He pensado en usar un letrero que diga: «Estoy grabando el partido. ¡No me digas nada!».

Recuerdo unas competiciones en particular. Mis amados Cowboys de Dallas estaban jugando un partido que tenían que ganar. Con mucho cuidado, puse a grabar el partido esperando con ansias una tarde de *anotaciones* y de *touchdowns* (que es como llaman a los goles en este deporte). De modo que evité a toda costa mencionar el acontecimiento. Y hasta evadí hacer contacto visual con cualquiera que pudiera soltar la lengua. Sin embargo, a punto de abordar mi auto en el estacionamiento, llegó un fanático emocionado y me gritó: «Max, ¿oíste la noticia? ¡Los Cowboys ganaron!».

Grrr.

Se acabó el suspenso. Adiós a la ansiedad que te mantiene al borde del sofá. Ya no tenía que morderme las uñas ni taparme los ojos. Pero aunque ya sabía el resultado, de todas maneras quise ver el partido. Y mientras lo hacía, descubrí algo muy agradable. ¡Pude verlo sin estrés! Los Cowboys estaban perdiendo en la segunda mitad, pero no me preocupé. Sabía el resultado. Perdimos la bola cuando faltaban seis minutos por jugar. No me dio pánico. Conocía al ganador. Cuando faltaban seis minutos por jugar, necesitábamos un *touchdown*. No hubo problema. La victoria estaba segura.

Y la tuya también. Entre el ahora y el pitazo final, tendrás razones para sentirte ansioso. Vas a dejar caer la bola. Te parecerá que el diablo ha ganado ventaja. Algunos demonios interceptarán tus sueños y tu destino. Parecerá que todo lo bueno está por perderse. Pero no tienes que preocuparte. Tú y yo conocemos la puntuación final.

La próxima vez que huelas su aliento pestilente, recuérdale la promesa que él detesta escuchar: «El Dios de paz pronto vencerá a

Satanás, y lo pondrá bajo el dominio de ustedes» (Romanos 16.20, TLA).

Es una batalla, así que no empaques una cesta de pícnic.

Sin embargo, es una batalla que Dios ya ganó, de modo que no le des al diablo más que un vistazo pasajero.

CAPÍTULO 4

Heredero de Dios

LA PROMESA DE DIOS

Somos herederos; herederos de Dios
y coherederos con Cristo.

—Romanos 8.17

Timothy Henry Gray tenía sesenta años de edad cuando encontraron su cuerpo debajo de un puente en Wyoming, dos días después de la Navidad del 2012. No había señales de juego sucio. No había indicios de un acto criminal ni de un malhechor. Gray, un vaquero indigente que había muerto de hipotermia, era una víctima de las malas oportunidades y de la mala suerte.

Excepto por un detalle: era heredero de millones de dólares.

El bisabuelo de Gray había sido un rico minero de cobre, constructor de vías ferroviarias y fundador de un pueblito en Nevada del que tal vez hayas escuchado: Las Vegas. Su hija, Huguette, heredó su fortuna. Ella murió en el 2011, a la edad de 104 años.

Huguette dejó una fortuna de trescientos millones de dólares. Al momento de la muerte de Gray, la ejecución del testamento se estaba discutiendo en la corte. Según parece, el hombre que encontraron muerto debajo el puente por donde pasaba el tren no era pobre, a fin de cuentas. Es posible que su herencia haya sido de diecinueve millones de dólares.[1]

¿Cómo es posible que el heredero de una fortuna muera como un indigente? Ciertamente Timothy Gray conocía su historia familiar. ¿Se mantuvo en contacto con su tía abuela? ¿Se le ocurrió alguna vez investigar la posibilidad de esta herencia?

¡A mí se me habría ocurrido! Hubiera acampado en la puerta de mi querida tía abuela. Hubiera volteado todas las piedras y leído cada documento. ¿Acaso no hubieras hecho lo mismo? ¿No crees que nuestro enfoque habría sido acceder a nuestra herencia?

¿Pero lo hacemos?

Hablemos de la tuya. Resplandeciendo en el joyero de las promesas de Dios para ti hay una garantía de tu herencia: eres heredero; heredero de Dios y coheredero con Cristo (Romanos 8.17).

No eres simplemente un esclavo, un siervo o un santo de Dios. No, eres un hijo de Dios. Tienes derecho legal a la empresa familiar y a la fortuna del cielo. El testamento se ha cumplido. Los tribunales están satisfechos. Tu cuenta espiritual ya recibió los fondos. Él «[te] ha bendecido en las regiones celestiales con toda bendición espiritual en Cristo» (Efesios 1.3).

Tienes todo lo que necesitas para ser todo lo que Dios desea. Los recursos divinos han sido depositados en ti.

¿Necesitas más paciencia? Es tuya.

¿Necesitas más alegría? Pídela.

¿Te estás quedando sin sabiduría? Dios tiene suficiente. Inclúyela en tu pedido.

¡Tu padre es rico! «Tuyos, oh SEÑOR, son la grandeza, el poder, la gloria, la victoria y la majestad. Todo lo que hay en los cielos y en la tierra es tuyo, oh SEÑOR, y este es tu reino. Te adoramos como el que está por sobre todas las cosas» (1 Crónicas 29.11, NTV).

Nunca agotarás sus recursos. Él nunca despachará tu oración con un «Regresa mañana. Estoy cansado, agotado, exhausto».

¡Dios es rico! Es rico en amor, generoso en esperanza y rebosante en sabiduría.

Ningún ojo ha visto, ningún oído ha escuchado,
ninguna mente ha imaginado
lo que Dios tiene preparado
para quienes lo aman (1 Corintios 2.9, NTV).

Tu imaginación es muy tímida para comprender el sueño de Dios contigo. Él se para contigo al lado este del Jordán, gesticula ante la inmensidad de Canaán y te dice lo que le dijo a Josué: Sé fuerte y valiente, porque esta es tu herencia (Josué 1.6).

La gente de la promesa cree en la abundancia de los recursos sobrenaturales. ¿Acaso no los necesitamos? ¿No somos propensos al agotamiento? ¿Con cuánta frecuencia piensas: *Ya no me quedan soluciones* o *No hay manera en que esto funcione* o *No puedo arreglar esto?*

Hace poco me pasé casi una hora recitándole a mi esposa las desgracias de mi vida. Me sentía abrumado por los compromisos y las fechas de entrega. Había estado enfermo con gripe. Había tensión en la iglesia entre algunos empleados. Acababa de regresar de un viaje internacional y el *jet lag* estaba haciendo de las suyas conmigo. Nos habían contado que unos amigos se iban divorciar. Y para completar, recibí un manuscrito de mis editores que chorreaba tinta roja. Traté de encontrar un capítulo que no tuviera que reescribir. No había ninguno. Era un desastre.

Si hubieras podido leer mi mente, habrías pensado que estabas hojeando el libro de texto para el curso Pesimismo 101. *Mi trabajo es en vano. Me voy a mudar a una choza en el Amazonas. No tengo lo que se necesita para ser un escritor, un pastor, un motivador... ¡un ser humano!*

Después de algunos minutos, Denalyn me interrumpió con una pregunta: «¿Está Dios en esto en algún sitio?». (Detesto cuando hace eso).

¿Qué me había pasado? Me estaba enfocando en mis recursos. No estaba pensando en Dios. No estaba consultando a Dios. No estaba recurriendo a Dios. No estaba hablando sobre Dios. Había limitado mi mundo a mi fuerza, sabiduría y poder. ¡Con razón iba en picada!

Para momentos como esos, Dios nos hace esta promesa: «Somos herederos; herederos de Dios y coherederos con Cristo» (Romanos 8.17).

Los amigotes del desaliento, la melancolía y el abatimiento no tienen respuesta para la promesa de la herencia. Diles: «Mi Señor me ayudará. La fuerza viene en camino. El indicador tal vez esté marcando un tanque casi vacío, pero no me quedaré sin combustible. Mi Padre no lo permitirá. Soy hijo del Dios vivo y amante, y Él me ayudará».

En cambio, recibieron el Espíritu de Dios cuando él los adoptó como sus propios hijos. Ahora lo llamamos «Abba, Padre». Pues su Espíritu se une a nuestro espíritu para confirmar que somos hijos de Dios. Así que como somos sus hijos, también somos sus herederos. De hecho, somos herederos junto con Cristo de la gloria de Dios (Romanos 8.15-17, NTV).

A Timothy Gray le habríamos dicho: «Oiga, señor Grey, usted es descendiente de ricos, heredero de una fortuna. Deje de esconderse debajo de este puente y haga su petición».

Los ángeles quieren decirnos lo siguiente:

«Oye, Lucado. Sí, tú, el de esa actitud horrible. Eres un heredero de la alegría de Cristo. ¿Por qué no le pides ayuda a Jesús?».

«Y tú, "señor despistado". ¿Acaso no eres heredero del almacén de la sabiduría de Dios? Entonces, ¿por qué no le pides instrucción?».

«Señora "manojo de nervios", ¿por qué permites que tus miedos te roben el sueño? Jesús tiene paz abundante. ¿Acaso no eres beneficiaria del fideicomiso de Dios? Haz tu petición».

Entiende tu lugar en la familia. No te presentas ante Dios como un extraño, sino como un heredero de la promesa. No te acercas al trono de Dios como un intruso, sino como un hijo en el que mora el Espíritu de Dios.

Una de las historias más famosas en la Biblia tiene que ver con una herencia. Los hebreos acababan de ser liberados de la esclavitud egipcia. Dios los llevó a ellos y a Moisés hasta la frontera de la Tierra Prometida y les hizo esta oferta: «El SEÑOR le dijo a Moisés: "Envía hombres a explorar la tierra de Canaán, la tierra que *les daré* a los israelitas. Envía a un jefe de cada una de las doce tribus de sus antepasados"» (Números 13.1, 2, NTV, énfasis del autor).

Dios no les dijo a los israelitas que conquistaran, tomaran, invadieran, sometieran o aseguraran la tierra. Él les dijo que se las daría. La decisión de ellos era clara: ¿promesas o circunstancias? Las circunstancias decían: «Ni lo intentes. Mantente lejos. Hay gigantes en la tierra». La promesa de Dios decía: «La tierra es de ustedes. La victoria es suya. ¡Tómenla!».

Lo único que tenían que hacer era confiar en su promesa, a pesar de las circunstancias, y recibir el regalo. Pero no lo hicieron. Fue una mala decisión con una pena de libertad condicional de cuarenta años. Dios los dejó que vagaran en el desierto por una generación, hasta que surgió una nueva casta de seguidores.

Josué era el líder de esa generación. Después que murió Moisés, Dios volvió a hacerles la promesa. «Después de la muerte de Moisés, siervo del Señor, Dios le dijo a Josué hijo de Nun, asistente de Moisés: "Mi siervo Moisés ha muerto. Por eso tú y todo este pueblo deberán prepararse para cruzar el río Jordán y entrar a la tierra que les daré a ustedes los israelitas. Tal como le prometí a Moisés, yo les entregaré a ustedes todo lugar que toquen sus pies"» (Josué 1.1-3).

Por lo general, pensamos que Josué tomó la tierra. Es más acertado pensar que Josué le tomó la palabra a Dios. Sin duda, Josué tomó la tierra. Pero lo hizo porque confió en la promesa de Dios. El gran logro del pueblo hebreo fue este: vivieron de su herencia. De hecho, la historia termina con esta declaración: «Después de todo esto, Josué envió a todo el pueblo a sus respectivas propiedades» (Josué 24.28).

¿Quiere esto decir que no enfrentaron dificultades? El libro de Josué deja bien claro que ese no fue el caso. El río Jordán era muy ancho. Los muros de Jericó eran altos. Los habitantes malvados de Canaán no se rendirían sin pelear. Aun así, Josué dirigió a los hebreos a cruzar el Jordán, a derribar los muros de Jericó y a derrotar a los treinta y un reyes enemigos. Cada vez que enfrentó un reto, lo hizo con fe, porque confiaba en su herencia.

¿Qué tal si tú hicieras lo mismo?

Delante de ti hay un muro de miedo como el de Jericó. Ladrillo sobre ladrillo de ansiedad y temor. Es una fortaleza que te mantiene fuera de Canaán. Las circunstancias dicen: *Encógete de miedo.* Tu herencia dice lo contrario: *Eres un hijo del Rey. Su amor perfecto echa fuera el temor. Sigue adelante.*

Elige tu herencia.

Los reyes de la confusión te están acechando. Gracias a ellos has luchado con tu identidad y tu destino. Te has creído la mentira de que la vida no tiene absolutos ni propósito. Por tanto, recuerda tu herencia: la verdad, la dirección de Dios, su Palabra que te instruye.

Elige tu herencia.

¿Quiere esto decir que todos tus desafíos van a desaparecer? No fue el caso de Josué. ¡Él peleó por siete años! Pero tuvo más victorias que derrotas.

Lo mismo puedes hacer tú. Todo se reduce a la sencilla decisión de creer y recibir tu posición como heredero de Dios y coheredero con Cristo. «Como él [Jesús] es, así somos nosotros en este mundo» (1 Juan 4.17, RVR60). No somos esclavos ni parientes lejanos. Nuestra herencia es tan abundante como la de Jesús mismo. Lo que Él recibe, nosotros también lo recibimos.

Imagínate que una noche estás descansando en tu casa y suena el timbre de la puerta. La abres y ves a un hombre bien vestido que se presenta como abogado especializado en herencias cuantiosas.

—¿Me permitiría entrar y hablarle sobre una posible herencia?

Normalmente no le abrirías las puertas de tu casa a un extraño. ¿Pero dijo «herencia»?

Le ofreces una silla ante la mesa. Él saca un documento de su maletín y comienza con algunas preguntas.

—¿Es su mamá de Inglaterra?

—Sí.

—¿Se llamaba Mary Jones?

—Sí.

Tu pulso se acelera.

—¿Se estableció en Chicago? ¿Trabajaba como maestra? ¿Se casó con John Smith y murió hace cinco años en la Florida?

—Sí. Sí. Sí y sí.

—¿Se llama usted John Smith, hijo?

—¡Sí!

—Hemos estado buscándolo. Su madre heredó una suma considerable de su tío. Ahora la herencia le pertenece a usted.

—¿En serio?

—Sí.

Piensas: *Ahora puedo comprarme aquellos zapatos nuevos en Dillard's.*

—Es bastante cuantiosa.

Tal vez deba ir a Nordstrom.

—Probablemente más de lo que podría imaginar.

Listo. Entonces voy a Saks Fifth Avenue.

—Usted ha heredado una mina de oro en Sudáfrica. Se necesitarán algunos años para finalizar los detalles de la herencia, pero mientras tanto, este es el pago inicial. Veinte millones de dólares.

Quizás compre a Saks Fifth Avenue.

Si este es el pago inicial, ¿cuál será el valor de toda la herencia?

Esa, mi amigo, es la pregunta de la gente de la promesa. Eres heredero con Cristo de la heredad de Dios. Él te proveerá lo que necesites para enfrentar los desafíos de la vida. Sin duda lo hizo por Diet Eman.

En la madrugada del 10 de mayo de 1940, ella se despertó con un estruendo parecido a cuando se golpean las alfombras. Como el sonido continuaba, la joven holandesa de veinte años saltó de su cama y caminó a tientas con sus padres hasta el patio delantero. Los aviones alemanes surcaban el cielo y llovían balas sobre La Haya. Hitler le había asegurado al pueblo holandés que respetaría su neutralidad. Y aquella era una más de sus promesas incumplidas.

La familia entró a la casa otra vez, encendió la radio y escuchó: «Estamos en guerra. Los soldados paracaidistas alemanes están en tierra». Diet pensó inmediatamente en su novio, Hein. Los dos tenían mucho en común. Ambos habían crecido en hogares cristianos, eran fieles a su patria y se sentían indignados ante la opresión alemana a los judíos.

No todos los creyentes holandeses pensaban así. Algunos abogaban por un plan para evitar conflictos y confiar en la voluntad de Dios. Pero para Hein y Diet, la voluntad de Dios era clara. Hein conocía el mensaje del libro *Mi lucha*. Por eso le dijo a Diet: «¡[Hitler] está lleno de odio y va a hacer algo terrible!». Para finales de 1941, los nazis les exigían a los judíos que llevaran en su ropa una estrella amarilla y les prohibieron viajar. Muchos estaban recibiendo avisos de deportación hacia Alemania.

Un judío se puso en contacto con Diet para pedirle ayuda. Ella y Hein sabían que era un riesgo muy grande para ellos. Si los sorprendían podría significar la muerte. Pero lo ayudaron de todas formas e hicieron los arreglos para que viajara a Frisia a vivir con un granjero hasta que terminara la guerra.

Lo que comenzó como ayuda a un solo hombre se convirtió en un plan para ayudar a otros. Los riesgos eran cada vez mayores. Hein hablaba de planes de contingencia; sobre qué hacer si lo arrestaban. En una de aquellas conversaciones, Diet sintió una voz interior que le dijo: *Sería bueno que lo miraras muy bien*. Tres días después, el 26 de abril de 1944, arrestaron a Hein y lo llevaron a la cárcel.

Diet alteró su apariencia física y su identificación. Sus tácticas no fueron suficientes. En unas pocas semanas, ella también estaba en prisión y allí su única esperanza eran las promesas de Dios. Un día usó una horquilla y rayó las palabras de Jesús en la pared de ladrillos de la prisión: «He aquí yo estoy con vosotros todos los días, hasta el fin del mundo» (Mateo 28.20, RVR60).

Unas semanas más tarde Diet, junto con muchas otras prisioneras, fue transportada a un campo de concentración. Allí había poca comida y no había jabón, toallas ni papel higiénico. En ocasiones se preguntaba si estaba perdiendo la razón. Cuando finalmente le dieron una audiencia, ensayó la historia que les contaría a los nazis y se aferró a dos promesas que recordaba de las Escrituras: no le tocarían ni un cabello de su cabeza (Lucas 21.18) y no tenía que preocuparse cuando se presentara ante las autoridades (Mateo 10.19). Aquel día le permitieron regresar a las barracas y fue liberada dos semanas más tarde.

Sin embargo, Hein estaba en Dachau. Uno de los compañeros de prisión de Hein luego le contó a Diet que él reflejaba una belleza interior, que amaba la vida y que amaba a Dios. Al final, estaba tan débil que no podía trabajar. Se lo llevaron de las barracas y no lo vieron nunca más.

Diet recibió otro mensaje. En algún momento antes de morir, Hein garabateó una nota en un pedazo de papel higiénico, la envolvió en papel de estraza, escribió la dirección y la tiró por la ventana de un tren que transportaba prisioneros. Alguien la encontró y, asombrosamente, la envió por correo. La nota decía:

Querida, no cuentes con la posibilidad de que volvamos a vernos pronto... Vemos otra vez que no decidimos sobre nuestras vidas... Aunque no nos volvamos a ver en esta tierra, jamás nos lamentaremos por lo que hicimos, por haber adoptado esta posición. Y quiero que sepas, Diet que, de todos los seres humanos que habitan este mundo, al que más amé eres tú.[2]

Me imagino a la joven Diet, tendida en su cama, pasando sus dedos sobre las palabras que grabó en la pared. Las prisioneras están hambrientas. Su estómago gruñe y su cuerpo está débil. Pero ella decide enfocarse en esa promesa, en esa herencia: «He aquí yo estoy con vosotros todos los días, hasta el fin del mundo».

Trato de imaginarme lo que veía Hein en Dachau. Los hombres con cuerpos esqueléticos deambulan por el patio de la prisión. El aire huele a muerte y Hein sabe que no le queda mucho tiempo. En lo que debió haber sido la última oportunidad para escribir, remoja una pluma en el tintero de la esperanza y garabatea: *«Jamás nos lamentaremos por lo que hicimos»*.

¿De dónde extrajo, esta pareja, tal valor? ¿Dónde encontraron su esperanza? ¿Cómo evitaron la desesperación? Sencillo. Confiaron en las maravillosas promesas de Dios. ¿Qué me dices de ti? ¿Qué mensaje estás tallando en la pared? ¿Qué palabras estás escribiendo? Elige la esperanza, no la desesperación. Elige la vida, no la muerte. Elige las promesas de Dios.

Ya no tienes que dormir debajo del puente. Eres una persona nueva. Vive como tal. Es tiempo de que vivas de tu herencia.

CAPÍTULO 5

Tus oraciones
tienen poder

LA PROMESA DE DIOS

La oración ferviente de una persona justa tiene
mucho poder y da resultados maravillosos.

—Santiago 5.16, NTV

Hace poco acompañé a Denalyn a hacer algunas diligencias. Fuimos a una tienda que se llama OfficeMax para comprar un calendario. Mientras caminábamos por el estacionamiento, señalé el rótulo y dije: «Cariño, esta es mi tienda. ¡Office*Max*!».

No la impresioné.

Me apresuré hasta la puerta y la mantuve abierta para que entrara.

«Bienvenida a *mi* tienda».

Giró sus ojos. Solía pensar que girar los ojos era un gesto de frustración. Ahora, después de treinta y cinco años, ¡me doy cuenta de que es una señal de admiración! Después de todo, Denalyn lo hace con mucha frecuencia.

Seguí presumiendo mientras hacíamos las compras y le agradecía por visitar *mi* tienda para comprar productos para *mis* estantes. Ella simplemente volteaba los ojos. Me parece que no tenía palabras.

Cuando llegamos donde la cajera, le dije quién era yo. Arqueé una ceja y profundicé mi voz.

—Hola, soy Max.

Ella sonrió y siguió con la transacción.

—Como OfficeMax».

Me miró y luego a Denalyn, que volteó los ojos otra vez. Tanta admiración por su esposo. Estaba comenzando a sonrojarme.

—Soy el jefe de este lugar —le dije a la cajera.

—¿De verdad? —me miró sin sonreír.

—¿Por qué no te tomas la tarde libre?

—¿Qué?

—Toma la tarde libre. Si alguien pregunta, dile que Max de OfficeMax te dijo que podías irte a casa.

Ahora se detuvo y me miró.

—Señor, usted tiene el nombre pero no tiene la autoridad.

Ella tenía razón con respecto a mí, pero no puede decirse lo mismo de ti.

Si has adoptado el nombre de Cristo, tienes autoridad con el ser más poderoso en el universo. Cuando tú hablas, Dios escucha. Cuando oras, el cielo toma nota. «Les aseguro que si dos de ustedes se ponen de acuerdo, aquí en la tierra, para pedirle algo a Dios que está en el cielo, él se lo dará» (Mateo 18.19, TLA).

Tus oraciones influyen en las acciones de Dios.

Como prueba, miremos la historia de Elías, que vivió ocho siglos antes del nacimiento de Jesús. El reino del norte tenía veinte reyes y todos eran malvados. El peor de todos los monarcas era Acab.

Este triste resumen describe su vida: «Nunca hubo nadie como Acab que, animado por Jezabel su esposa, se prestara para hacer lo que ofende al SEÑOR. Su conducta fue repugnante, pues siguió a los ídolos, como lo habían hecho los amorreos, a quienes el SEÑOR expulsó de la presencia de Israel» (1 Reyes 21.25, 26).

En la historia de Israel no leemos sobre ningún periodo tan oscuro como ese. Los líderes eran corruptos y el corazón del pueblo se había enfriado. Sin embargo, los cometas se ven más claros frente a un cielo negro. Y en medio de la oscuridad apareció un cometa ardiente llamado Elías.

Su nombre significa: «Mi Dios es Jehová»,[1] y Elías vivió a la altura de su nombre. Él le dio al rey Acab un informe del tiempo no solicitado: «Tan cierto como que vive el SEÑOR, Dios de Israel, a quien yo sirvo, te juro que no habrá rocío ni lluvia en los próximos años, hasta que yo lo ordene» (1 Reyes 17.1).

El ataque de Elías fue calculado. Baal era el dios de la fertilidad para los paganos; el dios al que recurrían para la lluvia y los campos fértiles. Elías pidió un enfrentamiento: el verdadero Rey de Israel contra el dios falso de los paganos. ¿Cómo podía Elías estar tan seguro de la sequía inminente? Porque había orado.

Nueve siglos más tarde las oraciones de Elías se usaron como ejemplo: «La oración ferviente de una persona justa tiene mucho poder y da resultados maravillosos. Elías era tan humano como cualquiera de nosotros; sin embargo, cuando oró con fervor para que no cayera lluvia, ¡no llovió durante tres años y medio! Más tarde, cuando volvió a orar, el cielo envió lluvia, y la tierra comenzó a dar cosechas» (Santiago 5.16-18, NTV).

A Santiago lo impresionó el que una oración así de poderosa proviniera de una persona tan ordinaria. «Elías era tan humano como cualquiera de nosotros» (Santiago 5.17), pero sus oraciones fueron escuchadas porque oró, no con elocuencia, sino con fervor. Esta no fue una oración casual ni cómoda, sino radical. «Señor, haz lo que sea necesario», suplicó Elías, «aunque signifique que no llueva».

«Entonces Acab convocó a todos los israelitas y a los profetas al monte Carmelo. Elías se paró frente a ellos y dijo: "¿Hasta cuándo seguirán indecisos, titubeando entre dos opiniones? Si el SEÑOR es Dios, ¡síganlo! Pero si Baal es el verdadero Dios, ¡entonces síganlo a él!". Sin embargo, la gente se mantenía en absoluto silencio»

(I Reyes 18.20, 21, NTV). Elías puso a 450 profetas de Baal y a los israelitas en una encrucijada: ¿hasta cuándo seguirán indecisos, titubeando entre dos opiniones? La palabra traducida como *titubear* es el vocablo hebreo que más adelante se usa para «bailar» (v. 26, NTV). ¿Por cuánto tiempo van a seguir con este baile? Bailan con Dios y luego con Baal. ¿Hasta cuándo continuará esto?

Lo que ocurre después es una de las historias más extraordinarias en la Biblia. Elías les dijo a los 450 profetas de Baal: «Escojan un buey; yo voy a escoger un buey. Edifiquen un altar; yo edificaré un altar. Invoquen a su dios para que envíe fuego; yo invocaré a mi Dios para que envíe fuego. El Dios que responda con fuego es el Dios verdadero».

Los profetas de Baal estuvieron de acuerdo y fueron los primeros en empezar.

Al mediodía Elías comenzó a burlarse de ellos:

—¡Griten más fuerte! —les decía—. Seguro que es un dios, pero tal vez esté meditando, o esté ocupado o de viaje. ¡A lo mejor se ha quedado dormido y hay que despertarlo! (v. 27).

(Elías hubiera reprobado un curso en diplomacia). Aunque los profetas de Baal se cortaron y estuvieron gritando toda la tarde, nada ocurrió. Finalmente, Elías pidió su turno. Entonces, vació cuatro cántaros de agua (recuerda, estaban en un tiempo de sequía) sobre el altar tres veces. Luego oró.

SEÑOR, Dios de Abraham, de Isaac y de Israel, que todos sepan hoy que tú eres Dios en Israel, y que yo soy tu siervo y he hecho todo esto en obediencia a tu palabra. ¡Respóndeme, Señor, respóndeme, para que esta gente reconozca que tú, Señor, eres Dios, y que estás convirtiéndoles el corazón a ti! (vv. 36, 37).

Fíjate en lo rápido que Dios contestó.

En ese momento cayó el fuego del Señor y quemó el holocausto, la leña, las piedras y el suelo, y hasta lamió el agua de la zanja.

Cuando vieron esto, todos se postraron y exclamaron: «¡El Señor es Dios! ¡El Señor es Dios!» (vv. 38, 39).

No hubo una petición por fuego. Simplemente se reveló el corazón del profeta... ¡y *pum*! El altar se incendió. Dios se deleitó en escuchar la oración de Elías. Y también se deleita en escuchar las tuyas.

¿Pero por qué? ¿Por qué tendrían importancia nuestras oraciones? Ni siquiera podemos hacer que el plomero nos devuelva una llamada telefónica, entonces, ¿por qué escucharía Dios nuestras ideas?

Sencillo. A Dios le interesan tus oraciones porque tú le importas. No eres simplemente un don nadie; como vimos en el capítulo anterior, eres su hijo.

Tengo un amigo que es dueño de un negocio exitoso. Emplea a más de quinientas personas en una docena de estados. Las aprecia a todas y a cada una de ellas. Sin embargo, trata a tres de sus empleados con parcialidad. Son sus hijos. Aunque escucha todas las peticiones, oye particularmente las de ellos. Sus hijos han sido adiestrados para encargarse del negocio familiar.

Y tú también. Cuando Dios te salvó, te reclutó. No solo te dio perdón para tu pasado, sino también autoridad en el presente y un rol en el futuro.

Esta vida es una «capacitación laboral» para la eternidad. Dios te está adiestrando para reinar con Él en el cielo. «Si resistimos, también reinaremos con él» (1 Timoteo 2.12). «Reinaremos sobre la tierra» (Apocalipsis 5.10, RVR60). Formamos parte de la familia de Dios. Reinar sobre el universo es el negocio familiar. Cuando los hijos de mi amigo le preguntan: «¿Podemos abrir una sucursal en Topeka?» o «¿Podemos añadir un nuevo producto a nuestro catálogo?» o «¿Qué pensarías si contratáramos a un nuevo contable?», el padre escucha. Él tiene un interés particular en su desarrollo. Nuestro Padre tiene un interés particular en el nuestro. Cuando tú, como hijo de Dios, buscas honrar el negocio familiar, Él escucha tus peticiones.

«Dios, concédeme una fe más profunda para poder servirte».

«Dios, te ruego que me den el ascenso para poder honrarte».

«Dios, muéstrame dónde podemos vivir para dar mayor gloria a tu nombre».

«Dios, concédeme un cónyuge para servirte mejor».

Dios escucha estas oraciones tan pronto son elevadas. ¿Por qué? Porque vienen de su hijo o su hija.

¿Hará Dios lo que le pides? Tal vez. O quizás hará más de lo que imaginaste. Él sabe lo que es mejor. Mantente firme en esta promesa: «La oración ferviente de una persona justa tiene mucho poder y da resultados maravillosos» (Santiago 5.16, NTV). Como nunca dejas de orar siempre tienes esperanza.

***

Encontramos un ejemplo dramático de esta promesa entre los cristianos en Rusia. Durante ocho décadas del siglo veinte, los cristianos en Rusia sufrieron una persecución sistemática a manos del gobierno comunista. Los maestros de escuela sostenían una Biblia y les preguntaban a sus estudiantes de guardería si habían visto un libro como ese en sus casas. Si algún estudiante decía que sí, un oficial del gobierno iba a visitar a la familia. Encarcelaban a pastores, a laicos, y nunca más se sabía de ellos. El gobierno les exigía a los pastores que visitaran sus oficinas una vez a la semana para informarles sobre alguna nueva visita. Los pastores también tenían que presentar los temas de sus sermones para su aprobación.

Este era el mundo donde un hombre llamado Dmitri practicó su fe. Él y su familia vivían en un pueblo pequeño a cuatro horas de Moscú. Para llegar a la iglesia más cercana tenían que caminar por tres días, por lo que se les hacía imposible asistir más de dos veces al año.

Dmitri comenzó a enseñarle historias y versículos de la Biblia a su familia. Los vecinos se enteraron de las lecciones y quisieron participar. Cuando el grupo creció a veinticinco personas, los oficiales se dieron cuenta y le exigieron que suspendiera las reuniones. Él se negó. Cuando el grupo llegó a las cincuenta personas, a Dmitri lo despidieron de su trabajo en la fábrica, a su esposa la despidieron de su puesto docente y a sus hijos los expulsaron de la escuela.

Aun así, él continuó. Cuando las reuniones aumentaron a setenta y cinco personas, no había suficiente espacio en su casa. Los habitantes del pueblito se apretujaban en cada esquina disponible y alrededor de las ventanas para poder escuchar las enseñanzas de ese hombre de Dios. Una noche, un grupo de soldados irrumpió en la reunión. Un soldado agarró a Dmitri y lo abofeteó repetidamente. Luego le advirtió a Dmitri que parara o algo peor podría pasarle.

Cuando el oficial se volteaba para irse, una abuelita de baja estatura se interpuso en su camino y agitó un dedo en su cara. «Usted le puso la mano encima a un hijo de Dios, ¡y *no* va a sobrevivir!».

Dos días más tarde, el oficial había muerto de un paro cardiaco.

El temor a Dios se difundió, y ciento cincuenta personas se presentaron en la casa para la próxima reunión. Arrestaron a Dmitri y lo sentenciaron a diecisiete años de cárcel.

Su celda era tan pequeña que solo necesitaba dar un paso para llegar a cada pared. Él era el único creyente entre mil quinientos prisioneros. Los guardias lo torturaban y los prisioneros se burlaban de él. Pero nada lo quebrantaba.

Cada mañana, al amanecer, Dmitri se paraba al lado de su cama, miraba hacia el este, alzaba sus brazos a Dios y entonaba una canción de alabanza. Los otros prisioneros se mofaban. Aun así, él cantaba.

Cada vez que encontraba un pedacito de papel, garabateaba un versículo o una historia de memoria. Cuando el papel estaba completamente lleno, iba a una esquina de su celda y lo pegaba en una columna húmeda como un sacrificio a Jesús. Los guardias rutinariamente encontraban los papeles, los desprendían y golpeaban a Dmitri. Con todo y eso, él adoraba.

Eso continuó por diecisiete años. Solo en una ocasión Dmitri estuvo a punto de retractarse de su fe. Los guardias lo convencieron de que su esposa había sido asesinada y que sus hijos estaban bajo la tutela del estado.

La idea era más de lo que Dmitri podía soportar. Accedió a renunciar a su fe en Cristo. Los guardias le dijeron que regresarían al día siguiente con un documento. Todo lo que tenía que hacer era firmarlo y lo dejarían en libertad.

Los oficiales estaban seguros de su victoria. Lo que no sabían era esto: la oración ferviente de una persona justa tiene mucho poder y da resultados maravillosos.

Sin embargo, había gente justa orando fervientemente por Dmitri. Aquella noche, a mil kilómetros de distancia, su familia sintió una carga especial de orar por él. Hicieron un círculo, se arrodillaron e intercedieron fervientemente por su protección. Milagrosamente, el Señor permitió que Dmitri escuchara las voces de sus seres amados mientras oraban. Así supo que estaban a salvo.

A la mañana siguiente, cuando los guardias llegaron por su firma, se encontraron con un hombre renovado. En su rostro había calma y en sus ojos determinación. «¡No voy a firmar nada!», les dijo. «Anoche el Señor me permitió escuchar las voces de mi esposa, de mis hijos y de mi hermano orando por mí. ¡Ustedes me mintieron! Ahora sé que mi esposa está viva y está bien físicamente. Sé que mis hijos están con ella. Y también sé que todos ellos todavía están en Cristo. ¡Así que no voy a firmar nada!».

Los guardias lo golpearon y lo amenazaron con ejecutarlo, pero eso solo intensificó la determinación de Dmitri. Él continuó alabando en las mañanas y pegando versículos en la columna. Finalmente, las autoridades llegaron a su límite. Arrastraron a Dmitri desde su celda, por el pasillo central de la prisión hasta el lugar de la ejecución. Mientras hacían eso, mil quinientos criminales levantaron sus manos y comenzaron a entonar la canción de alabanza que habían escuchado de los labios de Dmitri cada mañana.

Los carceleros lo soltaron y dieron un paso hacia atrás. «¿Quién eres tú?».

«¡Yo soy un hijo del Dios viviente, su nombre es Jesús!». Así fue que llevaron a Dmitri de vuelta a su celda. Poco después, lo liberaron y regresó con su familia.[2]

Lo más probable es que nunca termines en una cárcel rusa, pero sí podrías encontrarte en una situación imposible. Sentirás que te superan en número y que te han ganado la partida. Querrás darte por vencido. ¿Podría pedirte —suplicarte— que memorices esta promesa y que le pidas a Dios que te la recuerde ese día? Escríbela donde puedas encontrarla. Tatúala, sino en tu piel al menos en tu corazón: «La oración ferviente de una persona justa tiene mucho poder y da resultados maravillosos» (Santiago 5.16, NTV).

La oración no es el último recurso; es el primer paso. Dios tiene un poder que nunca has visto; una fuerza que jamás has conocido. Él se deleitó y respondió la oración de Elías. Dios se deleitó y respondió las oraciones de Dmitri y de su familia. Dios se deleita y responderá también las de nosotros.

Ahora, si me lo permites, tengo que atender algunos asuntos. Necesito ver como sigue RE/MAX, CarMax y Lotto Max. No es fácil mantenerse al día con todos estos negocios.

CAPÍTULO 6

Gracia para los humildes

LA PROMESA DE DIOS

Dios se opone a los orgullosos, pero
da gracia a los humildes.

—1 Pedro 5.5

Cuando no estaba volando en su *jet* privado a través del Atlántico o viendo atardeceres desde la cubierta de uno de sus yates, estaba llevando una vida de lujos en su lujoso apartamento tipo *penthouse* de novecientos metros cuadrados en la avenida Lexington en la ciudad de Nueva York.

Su yate, *Bull,* cuesta siete millones de dólares. Su *jet* vale veinticuatro millones. Tenía una casa en Francia, una casa de playa en Montauk y otra casa en Palm Beach. Tenía lanchas y autos. Su esposa poseía abrigos de piel y bolsos de diseñadores, vajillas de porcelana marca Wedgewood y utensilios de plata marca Christofle. Y cuando se trataba de decoración, ella no reparaba en gastos. Candeleros de oro adornaban las paredes. Alfombras asiáticas cubrían el piso. Las estatuas griegas y egipcias competían por la aprobación de los invitados.

Todo el mundo quería conocerlo. La gente hacía fila para darle la mano. Gente como Steven Spielberg y Elie Wiesel. Pararse en su oficina era como estar en el epicentro del éxito en el negocio de las inversiones.

O así parecía hasta la mañana del 10 de diciembre de 2008. Ese día terminó la farsa. Fue entonces cuando Bernie Madoff, el timador más infame de esta generación, se sentó con su esposa y sus hijos y les confesó que todo era una «estafa piramidal gigante... simplemente una gran mentira».[1]

Durante los próximos días, semanas y meses, los detalles sorprendentes salieron a la luz pública. Madoff había sido el cerebro de un ardid fraudulento que había durado veinte años... el mayor crimen financiero en la historia de Estados Unidos. Había defraudado a muchos por miles de millones de dólares.

Su caída fue de proporciones bíblicas. En un corto plazo lo despojaron de todo. Se quedó sin un céntimo. Sin futuro. Sin familia. Uno de sus hijos se suicidó. Su esposa se aisló del mundo. Y a los setenta y un años, Bernie Madoff fue sentenciado a cadena perpetua como el prisionero número 61727-054 en la prisión Federal Correction Complex en Butner, Carolina del Norte.

¿Por qué hizo eso? ¿Qué hace que un hombre viva una mentira por décadas? ¿Qué recibía Madoff a cambio de su mentira?

En una palabra: estatus. Según un biógrafo:

> Cuando era niño, fue despreciado y humillado por lo que parecía ser un intelecto inferior [...] Fue desairado por una chica tras otra [...] relegado a cursos inferiores y a escuelas inferiores [...]
>
> Pero sobresalió en el tema de ganar dinero y con eso alcanzó el estatus que una vez lo había eludido».[2]

Estatus. Madoff era adicto a la adulación y al reconocimiento. Quería el aplauso de la gente y el dinero era su forma de obtenerlo. Llegó a la cima de la montaña a fuerza de codazos y arañazos, solo para descubrir que la cima es resbaladiza y concurrida. Si solo hubiera conocido esta promesa: «Dios se opone a los orgullosos, pero da gracia a los humildes» (1 Pedro 5.5).

Su historia ejemplifica el versículo, pero si quieres ver un cuadro aún más dramático de la ruina del orgullo, abre tu Biblia en el libro de Daniel y lee la historia de Nabucodonosor. El dinero y la caída de Madoff no fueron nada en comparación con las vastas posesiones y la repentina caída libre del rey de la Babilonia antigua.

Él sitió a Jerusalén en el 605 A. C. Entre sus cautivos hebreos se encontraban cuatro jóvenes hebreos: Daniel, Sadrac, Mesac y Abednego. Después de algunos años, Nabucodonosor construyó una estatua de oro en su honor de noventa pies de alto y le ordenó al pueblo que se inclinara ante ella. Sadrac, Mesac y Abednego se negaron a hacerlo. Así que el rey calentó el horno a una temperatura siete veces más alta de lo normal y los tiró a las llamas. Cuando salieron sin ninguna quemadura, el rey se maravilló. Pero ¿se humilló el rey Nabucodonosor?

Tristemente, no.

Años pasaron. Nabucodonosor estaba disfrutando de un tiempo de paz y prosperidad. Había mantenido a raya a sus enemigos. Su riqueza estaba segura. Sin embargo, en medio de todo eso, tuvo un sueño. Ninguno de sus adivinos pudo interpretarlo. Pero Daniel sí. Nabucodonosor contó el sueño:

> Veía ante mí un árbol de altura impresionante, plantado en medio de la tierra. El árbol creció y se hizo fuerte, y su copa tocaba el cielo, ¡hasta podía verse desde cualquier punto de la tierra! Tenía un hermoso follaje y abundantes frutos; ¡todo el mundo hallaba en él su alimento! Hasta las bestias salvajes venían a refugiarse bajo su sombra, y en sus ramas anidaban las aves del cielo. ¡Ese árbol alimentaba a todos los animales! (Daniel 4.10-12).

Nabucodonosor prosiguió a describir cómo fue derribado el árbol por un mensajero del cielo. Sus ramas fueron cortadas y su fruto esparcido. Solo quedó un tocón. La voz del cielo entonces declaró:

> Deja que se empape con el rocío del cielo, y que habite con los animales y entre las plantas de la tierra. Deja que su mente humana se trastorne y se vuelva como la de un animal, hasta que hayan transcurrido siete años (vv. 15, 16).

Daniel escuchó el sueño y tragó saliva. Quedó desconcertado y aterrorizado por lo que oyó.

En ese momento en la historia, Nabucodonosor no tenía par. Era el gobernante indiscutible del mundo. Babilonia se levantaba en el desierto como la silueta de los edificios en Manhattan. Los Jardines Colgantes de Babilonia —que había construido para su esposa— eran una de las Siete Maravillas del Antiguo Mundo. Los muros de su palacio real medían noventa y siete metros de alto y veinticinco metros de espesor. Sobre ellos podían correr dos cuadrigas de cuatro caballos, una al lado de la otra.[3] El imponente río Éufrates fluía por la ciudad. Durante el reinado de cuarenta y tres años de Nabucodonosor, la población de la urbe babilónica alcanzó el medio millón de habitantes.[4] El rey era en parte magnate del petróleo, en parte realeza y en parte gestor multimillonario de los fondos de cobertura. Si estuviera vivo hoy, encabezaría la lista de multimillonarios de la revista *Forbes*.

Pero todo eso estaba por terminar.

Daniel le dijo:

Ese árbol es Su Majestad [...] Usted será apartado de la gente y habitará con los animales salvajes; comerá pasto como el ganado, y se empapará con el rocío del cielo. Siete años pasarán hasta que Su Majestad reconozca que el Altísimo es el soberano de todos los reinos del mundo, y que se los entrega a quien él quiere. La orden de dejar el tocón y las raíces del árbol quiere decir que Su Majestad recibirá nuevamente el reino, cuando haya reconocido que el verdadero reino es el del cielo (vv. 22, 25, 26).

Nabucodonosor pensaba que mandaba. Creía que controlaba su mundo y hasta, tal vez, el mundo entero.

Daniel le urgió que se arrepintiera.

Por lo tanto, yo le ruego a Su Majestad aceptar el consejo que le voy a dar: Renuncie usted a sus pecados y actúe con justicia; renuncie a su maldad y sea bondadoso con los oprimidos. Tal vez entonces su prosperidad vuelva a ser la de antes (v. 27).

Sin embargo, ¿cambió Nabucodonosor?

Doce meses después, mientras daba un paseo por la terraza del palacio real de Babilonia, exclamó: «¡Miren la gran Babilonia que he construido como capital del reino! ¡La he construido con mi gran poder, para mi propia honra!» (vv. 29, 30).

Dios le dio al rey otro año para que se bajara de su ostentoso trono. Pero no lo hizo. ¡Ah, la abundancia de pronombres y adjetivos!

«[Yo] he construido», «mi gran poder», «mi propia honra». Para el rey nada importaba más que el rey.

Dios le había enviado por lo menos tres mensajes. El mensaje del horno ardiente: *Jehová Dios es más grande que el fuego*. El mensaje del sueño: *El gran árbol de hoy es el feo tocón de mañana*. La advertencia de Daniel: *Humíllate antes de que sea demasiado tarde*.

Nabucodonosor no quiso escuchar.

No había terminado de hablar cuando se escuchó una voz que desde el cielo decía: «Este es el decreto en cuanto a ti, rey Nabucodonosor. Tu autoridad real se te ha quitado. Serás apartado de la gente y vivirás entre los animales salvajes; comerás pasto como el ganado» (vv. 31, 32).

El rey se convirtió en la versión antigua del famoso Howard Hughes: uñas largas en espiral, cabello alborotado, animalesco.

Lo separaron de la gente, y comió pasto como el ganado. Su cuerpo se empapó con el rocío del cielo, y hasta el pelo y las uñas le crecieron como plumas y garras de águila (v. 33).

Cuando los grandes caen, la caída es grande. En un minuto estaba en la portada de la revista *Time*; al siguiente, lo desterraron como a un animal enjaulado. Y esto nos deja con una lección: Dios aborrece el orgullo.

¿Te has fijado en quien se cree muy sabio?

Más se puede esperar de un necio que de gente así
(Proverbios 26.12).

¡Ay de los que se consideran sabios, de los que se creen
inteligentes! (Isaías 5.21).

El Señor aborrece a los arrogantes (Proverbios 16.5).

Yo aborrezco el orgullo y la arrogancia, la mala conducta y el
lenguaje perverso (Proverbios 8.13).

Con el orgullo viene el oprobio (Proverbios 11.2).

¿Por qué ese lenguaje fuerte? ¿Por qué la condenación general? ¿Cómo explicamos la aversión de Dios hacia el corazón altivo?

Sencillo. Dios resiste al orgulloso porque este resiste a Dios. La arrogancia agarrota las rodillas, así que no se arrodillarán; endurece el corazón, así que no reconocerá el pecado. El corazón orgulloso nunca confiesa, nunca se arrepiente, nunca pide perdón. De hecho, el arrogante no siente jamás la necesidad de perdón. El orgullo es el arrecife oculto que hace naufragar el alma.

El orgullo no solo previene la reconciliación con Dios; previene la reconciliación con la gente. ¿Cuántos matrimonios se han desplomado bajo el peso de un orgullo tonto? ¿Cuántas disculpas no se han ofrecido debido a la falta de humildad? ¿Cuántas guerras han retoñado del terreno pedregoso de la arrogancia?

El orgullo tiene un precio alto. No lo pagues. Más bien, decide afirmarte en la oferta de gracia: «Dios resiste a los soberbios, y da gracia a los humildes» (1 Pedro 5.5, RVR60). En la medida en que Dios detesta la arrogancia, así ama la humildad. ¿Acaso no es fácil ver el porqué? La humildad es feliz haciendo lo que el orgullo no hará. El corazón humilde se apresura a reconocer la necesidad de Dios, está ansioso por confesar el pecado y está dispuesto a arrodillarse ante la mano poderosa del cielo.

Dios tiene un lugar especial para el humilde de corazón.

El SEÑOR es excelso, pero toma en cuenta a los humildes y
    mira de lejos a los orgullosos (Salmos 138.6).

El Alto y Majestuoso que vive en la eternidad, el Santo, dice:
«Yo vivo en el lugar alto y santo
con los de espíritu arrepentido y humilde.
Restauro el espíritu destrozado del humilde
y reavivo el valor de los que tienen un corazón arrepentido».
    (Isaías 57.15, NTV)

Encontramos una libertad maravillosa en el bosque de la humildad. Lo viví hace algún tiempo mientras estaba sentado en un círculo. Éramos veinte en total. Una peluquera se sentó a mi derecha. Un abogado a mi izquierda. Un compañero tenía tatuajes, el otro vestía un traje de franela gris. Uno llegó en una Harley. Una pareja llegó tarde. Más de uno de nosotros llegó malhumorado. De todas las edades. Ambos sexos. Varias razas. Éramos un grupo surtido. Con una excepción, no teníamos nada en común.

Pero aquella excepción era importante. Todos éramos transgresores de la ley confesados. Cada uno era un infractor. Cada persona en la sala había recibido un papel de un oficial uniformado. Así que allí estábamos, en una clase de Conducción de vehículos con precaución.

No había querido ni pensar en aquel día durante toda la semana. ¿Quién quiere pasar un sábado con un grupo de extraños repasando el Manual para Conductores de Texas? Pero me sorprendí. Después de un rato, nos sentimos como amigos. La conexión comenzó con las presentaciones. Fuimos uno por uno alrededor del círculo, diciendo nuestros nombres y confesándonos.

«Soy Max. Iba a cuarenta y cinco millas por hora en una zona de treinta».

«Me llamo Sue. Hice un giro en U ilegal».

«Hola, soy Bob. Me pillaron pasando en una zona de no pasar».

Mientras alguien hablaba, el resto asentía con la cabeza, se lamentaba y soltaba una lagrimita. Sentíamos el dolor de cada cual.

Sin máscaras. Sin fingimiento. Sin juegos ni excusas. Los disfraces se quedaron en la puerta. Los pretextos los dejamos en casa. Las farsas y los engaños eran innecesarios. Este era el plan de Dios desde el principio.

Dios da gracia al humilde porque el humilde tiene hambre de gracia.

Me pregunto si estarías dispuesto a elevar conmigo una oración de arrepentimiento; de arrepentimiento por la arrogancia. ¿Qué hemos hecho que Dios no haya hecho primero? ¿Qué tenemos que Dios no nos haya dado primero? ¿Acaso alguno de nosotros ha construido algo que Dios no pueda destruir? ¿Hemos creado algún monumento que el Amo de las estrellas no pueda reducir a polvo?

«¿Con quién, entonces, me compararán ustedes?

¿Quién es igual a mí?», dice el Santo.

Alcen los ojos y miren a los cielos:

¿Quién ha creado todo esto?

El que ordena la multitud de estrellas una por una,

y llama a cada una por su nombre.

¡Es tan grande su poder, y tan poderosa su fuerza,

que no falta ninguna de ellas! (Isaías 40.25, 26).

Me gusta el chiste sobre el hombre arrogante que quiso probar la supremacía de Dios. Miró a los cielos y declaró:

—¡Puedo hacer lo que tú haces! ¡Puedo crear a una persona del polvo! ¡Entiendo los sistemas de la vida y la ciencia!

Dios aceptó el reto.

—Listo —le dijo al bufón—. Veamos lo que puedes hacer.

El hombre estiró la mano y tomó un puñado de polvo. Pero antes que el hombre pudiera continuar, Dios lo interrumpió:

—Pensé que habías dicho que podías hacer lo que yo hice.

—Sí puedo.

—Entonces —le dijo Dios—, busca tu propio polvo.

La humildad es saludable porque es sincera.

Hace unos años, colaboré con el músico Michael W. Smith en un fin de semana ministrando en Asheville, Carolina del Norte. El retiro se llevó a cabo en The Cove, unas instalaciones hermosas que pertenecen y son mantenidas por la Asociación Evangelística Billy Graham.

Unas pocas horas antes del evento, Michael y yo nos reunimos para discutir la agenda del fin de semana. Sin embargo, Michael estaba tan conmovido por lo que acababa de experimentar que apenas habló del retiro. Michael acababa de conocer a Billy Graham. En ese momento, el famoso evangelista tenía noventa y cuatro años. Sus pensamientos giraron alrededor de lo que se podría decir sobre él en su funeral. Él le dijo a Michael que esperaba que su nombre no se mencionara.

«¿Qué?», preguntó Michael.

«Espero que solo se exalte el nombre del Señor Jesús».

Billy Graham les ha predicado físicamente a doscientos quince millones de personas y a cientos de millones más a través de los medios de comunicación. Ha llenado estadios en todos los continentes. Ha aconsejado a todos los presidentes estadounidenses, desde Truman hasta Obama. Ha encabezado constantemente todas las listas de los más admirados. No obstante, él no quiere que su nombre se mencione en su funeral.

¿Podría ser que cuando nos damos cuenta de que Dios es tan grande, finalmente vemos lo pequeños que somos nosotros?

A los que caminan en orgullo, Dios los puede humillar. Pero a los que caminan en humildad, Dios los puede usar.

El rey Nabucodonosor aprendió esta lección. Le tomó siete años, pero la entendió.

Pasado ese tiempo yo, Nabucodonosor, elevé los ojos al cielo, y recobré el juicio. Entonces alabé al Altísimo; honré y glorifiqué al que vive para siempre [...] Por eso yo, Nabucodonosor, alabo, exalto y glorifico al Rey del cielo, porque siempre procede con rectitud y justicia, y es capaz de humillar a los soberbios (Daniel 4.34, 37).

Tal vez quieras subrayar esa última oración. *Dios es capaz de humillar a los soberbios.* Es mejor humillarte tú mismo que esperar a que Dios lo haga por ti.

CAPÍTULO 7

Dios te comprende

LA PROMESA DE DIOS

Nuestro Sumo Sacerdote comprende
nuestras debilidades.

—Hebreos 4.15, NTV

En una tarde esplendorosa de abril en el 2008, dos equipos universitarios de sóftbol femenino —uno de Oregón y el otro de Washington— se enfrentaban bajo el cielo azul de la Cordillera de las Cascadas. Rodeados por una cerca de alambre, ante cientos de fanáticos, los dos equipos jugaban un partido decisivo. El ganador avanzaría a la serie de semifinales de la división. El perdedor colgaría los guantes y se iría a casa.

Los Western Oregon Wolves era un equipo que alardeaba de tener varias bateadoras fuertes, pero Sara Tucholsky no era una de ellas. Ella bateaba .153 y estaba jugando solo porque la jardinera derecha principal había jugado malísimo en un partido anterior aquel mismo día. Sara nunca había bateado un cuadrangular pero aquel sábado, con dos corredoras en base, le pegó a una bola curva y la mandó por encima de la valla izquierda del terreno de juego.

En la emoción del momento, Sara no tocó la primera base. Su entrenador le gritó que regresara y la tocara. Cuando dio la vuelta y comenzó a correr, algo se salió de sitio en su rodilla y se cayó. Se arrastró hasta la base, se abrazó a su rodilla con una expresión de dolor y le preguntó al entrenador de primera base: «¿Qué hago?».

El árbitro no estaba seguro. Él sabía que si cualquiera de las compañeras de equipo de Sara la ayudaban, sería un *out*. Sara sabía que si trataba de pararse, se caería. Su equipo no podía ayudarla. Su pierna no podía sostenerla. ¿Cómo cruzaría el plato? Los árbitros se reunieron para discutir la situación.[1]

Y mientras ellos discuten y Sara gime de dolor, ¿puedo hacer una comparación? Culpa al predicador que yace en mí, pero veo una ilustración en este momento. Tú y yo tenemos mucho en común con Sara Tucholsky. Nosotros, también, hemos tropezado. No en béisbol, sino en la vida. Errores de moralidad, honestidad, integridad. Hemos hecho todo lo posible, solo para tropezar y caernos. Nuestros mejores esfuerzos nos han dejado tendidos en el suelo. Igual que Sara, estamos sin fuerzas, no debido a unos ligamentos rotos, sino a unos corazones rotos, unos espíritus fatigados y unas visiones borrosas. La distancia entre donde nos encontramos y adonde queremos llegar es infranqueable. ¿Qué hacemos? ¿Dónde encontraremos ayuda?

Sugiero que recurramos a una de las promesas más dulces:

> Nuestro Sumo Sacerdote comprende nuestras debilidades, porque enfrentó todas y cada una de las pruebas que enfrentamos nosotros, sin embargo, él nunca pecó. Así que acerquémonos con toda confianza al trono de la gracia de nuestro Dios. Allí recibiremos su misericordia y encontraremos la gracia que nos ayudará cuando más la necesitemos (Hebreos 4.15, 16, NTV).

Tenemos un Sumo Sacerdote que es capaz de comprendernos. Como Él nos comprende, encontramos misericordia y gracia cuando las necesitamos. No nos deja languideciendo. Cuando nos caemos, no somos olvidados. Cuando tropezamos, no somos abandonados. Nuestro Dios nos comprende.

Los libros de teología tratan esta promesa bajo el título de «encarnación». La asombrosa idea es sencillamente esta: Dios, por un tiempo, se hizo uno de nosotros. «Y el Verbo se hizo hombre y habitó entre nosotros. Y hemos contemplado su gloria, la gloria que corresponde al Hijo unigénito del Padre, lleno de gracia y de verdad» (Juan 1.14)

Dios se hizo carne en la forma de Jesucristo. Fue concebido milagrosamente, pero fue dado a luz de manera natural. Él nació; sin embargo, nació de una virgen.

Si Jesús simplemente hubiera descendido a la tierra en forma de un ser poderoso, lo respetaríamos pero nunca nos acercaríamos a Él. Después de todo, ¿cómo podría Dios comprender lo que significa ser un humano?

Si Jesús hubiera sido concebido por dos progenitores terrenales, nos acercaríamos a Él, pero ¿querríamos adorarlo? Después de todo, no sería distinto a ti ni a mí.

Sin embargo, como es ambas cosas —Dios y hombre, al mismo tiempo—, entonces tenemos lo mejor de los dos mundos. Ni su humanidad ni su deidad estaban comprometidas. Él era completamente humano. Él era completamente divino. Debido a lo primero, nos acercamos. Debido a lo segundo, lo adoramos.

Tal es el mensaje de Colosenses 1.15, 16:

Él es la imagen del Dios invisible, el primogénito de toda creación, porque por medio de él fueron creadas todas las cosas en el cielo y en la tierra, visibles e invisibles, sean tronos, poderes, principados o autoridades: todo ha sido creado por medio de él y para él.

En el cambio a su humanidad no se perdió ni una gota de su divinidad. Aunque Jesús parecía humano, era realmente Dios. La plenitud de Dios, cada pizca de Él, habitó en el cuerpo de Cristo. «Porque a Dios le agradó habitar en él con toda su plenitud» (Colosenses 1.19). El hacedor de estrellas, por un tiempo, construyó gabinetes en Nazaret.

Jesús tal vez haya parecido humano, pero aquellos que estaban más cerca de Él sabían que era propenso a lo divino. De vez en cuando dejaba que su divinidad tomara las riendas. Lo único que podían hacer los espectadores era retroceder y preguntar: «¿Qué clase de hombre es este, que hasta los vientos y las olas le obedecen?» (Mateo 8.27).

Hace algunos años, fungí de maestro en un retiro bíblico que duró una semana. Recuerdo mucho la actividad. La comida estuvo fenomenal. El entorno natural junto al mar era impresionante. Hice varias amistades nuevas. Sin embargo, de todos los recuerdos, el que nunca olvidaré fue el partido de baloncesto del viernes en la noche.

La idea surgió tan pronto llegó David. Los asistentes no sabían que él iría, pero tan pronto entró en el salón, supieron quién era: David Robinson. Jugador estelar de la Asociacion Nacional de Baloncesto (NBA, por sus siglas en inglés). Jugador más valioso. Tres veces atleta olímpico. Dos veces ganador de la medalla de oro. Miembro del equipo de ensueño. Dos veces campeón de la NBA. Atleta *All-American*. Dos metros de talento natural. Su cuerpo, definido. Sus destrezas, afinadas. Su coeficiente intelectual en baloncesto, legendario.

Al final del primer día, alguien me preguntó: «¿Hay alguna probabilidad de que juegue baloncesto con nosotros?». «Nosotros» era un grupo de individuos gordinflones, de mediana edad, con buenas intenciones, pero fuera de forma. Sus cuerpos, regordetes. Sus destrezas, pésimas. Sus coeficientes intelectuales en baloncesto, un poco más bajo que el de una ardilla.

Aun así, le pregunté a David. Y David, en un despliegue absoluto de indulgencia, dijo sí.

Programamos el juego, *el juego*, para el viernes en la noche, la última del seminario. La asistencia a las clases de Biblia disminuyó. La asistencia a la cancha de baloncesto aumentó. Tipos que no habían driblado un balón desde la escuela secundaria lanzaban un tiro tras otro a la canasta. Rara vez la amenazaban.

La noche del juego, *el juego*, David pisó la cancha por primera vez en toda la semana. Mientras él calentaba, los demás nos detuvimos. El balón cabía en su mano como una pelota de tenis en la mía. Podía mantener una conversación mientras driblaba el balón, le daba vueltas en un dedo y lo pasaba detrás de su espalda. Cuando el juego empezó, la competencia era entre David y nosotros, los niños. Él se contuvo. Podíamos verlo. Aun así, daba un paso largo por cada dos nuestros. Atrapaba el balón con una mano en vez de dos. Cuando tiraba el balón, era más un misil que un pase. Él jugaba baloncesto a un nivel que nosotros solo podíamos soñar.

En un momento —supongo que solo por diversión— se soltó. El mismo muchacho que había hecho mates frente a Michael Jordan y Charles Barkley, se soltó. Me imagino que simplemente no pudo aguantarse más. Con tres zancadas, cruzó la cancha hasta llegar al aro. La oposición gordinflona y de mediana edad despejó el camino mientras David saltaba con su cabeza al nivel de la canasta y encestaba el balón con tal fuerza que dejó el tablero temblando.

Tragamos grueso.

David sonrió.

Entendimos el mensaje. Así es como se supone que se juegue baloncesto. Es posible que hayamos compartido la misma cancha, pero no compartíamos el mismo poder.

Me parece que los seguidores de Jesús quizás hayan pensado algo similar. El día en que Jesús les ordenó a los demonios que salieran del hombre poseído y lo hicieron. El día en que Jesús le dijo a la tormenta que se calmara y se calmó. Cuando dijo al muerto que se levantara, a la hija muerta que se sentara, al Lázaro sepultado que saliera y lo hicieron.

«Porque a Dios le agradó habitar en él con toda su plenitud» (Colosenses 1.19). Jesús era la deidad indisoluble.

Con razón nadie discutió cuando declaró: «Se me ha dado toda autoridad en el cielo y en la tierra» (Mateo 28.18).

¿Crees que la luna afecta las mareas? Sí, lo hace. Pero Cristo rige la luna. ¿Piensas que Estados Unidos es una superpotencia? Estados Unidos solo tiene el poder que Cristo le da y nada más. Él tiene autoridad sobre todo. Y lo ha tenido siempre.

No obstante, a pesar de esa elevada posición, Jesús estuvo dispuesto a renunciar por un tiempo a los privilegios de la divinidad y a entrar en la humanidad.

Nació como nacen todos los bebés. Su niñez fue común y corriente. «Y Jesús crecía en sabiduría y en estatura, y en gracia para con Dios y los hombres» (Lucas 2.52, RVR60). Su cuerpo se desarrolló. Sus músculos se fortalecieron. Sus huesos maduraron. No hay evidencia ni insinuación de que haya estado exento de los inconvenientes de la adolescencia. Pudo haber sido flacucho y poco atractivo. Supo lo que era el dolor en los músculos y el ardor de la sal en una herida abierta. Como adulto se sintió lo suficientemente fatigado como para sentarse junto a un pozo (Juan 4.6) y lo suficientemente soñoliento como para tomarse una siesta en una barca oscilante (Marcos 4.35-38). Le dio hambre en el desierto y sed en la cruz. Cuando los soldados martillaron los clavos en su piel, mil terminales nerviosas gritaron pidiendo alivio. Mientras colgaba flácido en la cruz, dos pulmones humanos suplicaban por oxígeno.

El Verbo se hizo carne.

¿Acaso es importante esta promesa? Si alguna vez te has preguntado si Dios te comprende, sí, te entiende. Si alguna vez te has preguntado si Dios escucha, sí te escucha. Si alguna vez te has preguntado si el Creador no creado puede, en un millón de años, comprender los retos que enfrentas, entonces medita largo y tendido en la promesa de la encarnación. Jesús «comprende nuestras debilidades» (Hebreos 4.15, NTV). Ese que escucha tus oraciones comprende tu dolor. Nunca se encoge de hombros ni se burla ni le resta importancia a las luchas físicas. Él tuvo un cuerpo humano.

¿Está turbada tu alma? Él sintió eso también (Juan 12.27).

¿Estás tan angustiado que te sientes morir? A él le pasó lo mismo (Mateo 26.38).

¿Te sientes abrumado por la tristeza? Él también la sintió (Juan 11.35).

¿Alguna vez has orado con fuertes clamores y lágrimas? Él hacía lo mismo (Hebreos 5.7).

Él te comprende.

Tan humano que podía tocar a su gente. Tan poderoso que podía sanarlos. Tan humano que hablaba con acento. Tan celestial que hablaba con autoridad. Tan humano que pudo pasar inadvertido por treinta años. Tan poderoso que pudo cambiar la historia y ser inolvidable por dos mil años. Completamente hombre. Sin embargo, completamente Dios.

En una ocasión, me sumergí en el río Jordán. Durante un viaje a Israel, mi familia y yo nos detuvimos para ver el lugar tradicional del bautismo de Jesús. Es encantador. Los sicómoros lo cubren con su sombra. Las aves trinan. El agua invita. Así que acepté la invitación y me sumergí para ser bautizado.

Nadie quiso acompañarme, así que me sumergí yo mismo. Declaré mi fe en Cristo y me hundí tanto en el agua que podía tocar el fondo del río. Cuando lo hice, sentí un palo y lo saqué. ¡Un recuerdo de bautismo! Algunas personas reciben certificados o Biblias; a mí me gusta mi palo. Es casi del ancho de tu muñeca, tan largo como tu antebrazo y tan liso como las nalguitas de un bebé. Lo mantengo sobre el armario de mi oficina para poder enseñárselo a la gente que siente miedo.

Cuando me hablan de sus ansiedades sobre la economía o de las preocupaciones por sus hijos, les entrego el palo. Les hablo sobre cómo Dios enlodó sus pies en nuestro mundo de pañales, muerte, digestión y enfermedad. Sobre cómo Juan el Bautista le pidió que se quedara a la orilla del río pero Jesús no lo escuchó. Sobre cómo vino a la tierra justo para ese mismo propósito... para convertirse en uno de nosotros. «Quizás hasta haya tocado este palo», me gusta decir.

Mientras sonríen, les pregunto: «Puesto que llegó hasta aquí para alcanzarnos, ¿acaso no podemos llevarle nuestros temores?». Lee la promesa otra vez, despacio y reflexivamente.

> Nuestro Sumo Sacerdote comprende nuestras debilidades, porque enfrentó todas y cada una de las pruebas que enfrentamos nosotros, sin embargo, él nunca pecó. Así que acerquémonos con toda confianza al trono de la gracia de nuestro Dios. Allí recibiremos su misericordia y encontraremos la gracia que nos ayudará cuando más la necesitemos (Hebreos 4.15, 16, NTV)

Algunos dicen que la evidencia de que Jesús no puede comprendernos totalmente es que jamás pecó. Si no cometió pecado, razonan, ¿cómo podría entender la fuerza plena del mismo? Sencillo. Él la sintió más que nosotros. ¡Nosotros cedemos! Él nunca lo hizo. Nosotros nos rendimos. Él nunca se rindió. Jesús enfrentó el tsunami de la tentación y nunca flaqueó. En ese sentido, Él entiende más que cualquiera que jamás haya vivido.

Y entonces, en su obra más grandiosa, se prestó voluntariamente para sentir las consecuencias del pecado. «Al que no cometió pecado alguno, por nosotros Dios lo trató como pecador, para que en él recibiéramos la justicia de Dios» (2 Corintios 5.21).

Jesús no merecía sentir vergüenza, pero la sintió. No merecía la humillación, pero la sufrió. Jamás pecó, pero lo trataron como un pecador. Se hizo pecado. Toda la culpa, el remordimiento y la vergüenza... Jesús entiende eso.

¿Acaso es importante esta promesa? Para el hipócrita, sí lo es. Para la persona con la resaca y el recuerdo borroso de la fiesta de anoche, sí es importante. Para el tramposo, el difamador, chismoso o canalla que viene ante Dios con un espíritu humilde, sí lo es. Es importante porque necesitamos saber que podemos acercarnos «confiadamente al trono de la gracia para recibir misericordia y hallar la gracia que nos ayude en el momento que más la necesitemos» (Hebreos 4.16).

Como Jesús es humano, te comprende.

Como Jesús es divino, te puede ayudar.

Él se encuentra en una posición singular para cargarnos hasta el plato. Jesús hace por nosotros lo que hizo Mallory Holtman por Sara Tucholsky. ¿Te acuerdas? Sara es la muchacha que se desgarró el ligamento mientras se dirigía al plato. Cuando la dejamos, estaba en el suelo, sujetando su rodilla con una mano y tocando la primera base con la otra. Los árbitros se reunieron. Las jugadoras estaban de pie, observando. Los fanáticos gritaban que alguien sacara a Sara del campo de juego, pero ella no quería irse. Ella quería llegar al plato.

Mallory Holtman propuso una solución.

Ella jugaba la primera base para el equipo contrario, Central Washington University. Estaba en su último año y quería una victoria. Una derrota terminaría su temporada. Pensarías que a Mallory le alegraría que se anulara la carrera. Pero no fue así.

«¡Eh!», llamó a los árbitros. «¿Puedo ayudarla a correr las bases?».

«¿Por qué querrías hacer algo así?», preguntó alguien. Antes que pudiera contestar, el árbitro encogió los hombres y dijo: «Hazlo».

Y Mallory lo hizo. Le hizo una señal a la campo corto para que la ayudara y las dos caminaron hasta la jugadora herida. «Vamos a levantarte y te vamos a cargar por todas las bases».

En este momento, las lágrimas comenzaron a bajar por las mejillas de Sara. «Gracias».

Mallory y su amiga colocaron una mano debajo de las piernas de Sara y la otra mano por debajo de sus brazos. Y comenzó la misión de la misericordia. Se detuvieron el tiempo suficiente para que el pie de Sara tocara la segunda y la tercera base. Para cuando se dirigían al plato, los espectadores estaban de pie, las compañeras de equipo de Sara se habían reunido en el plato y Sara estaba sonriendo como la reina del baile escolar.[2]

Sin duda debía hacerlo. La única persona que podía ayudarla, lo hizo. Y como lo hizo, Sara llegó al plato.

Dios ofrece hacer lo mismo por ti y por mí. El mensaje de Mallory para Sara es el que Dios nos da a nosotros: «Te voy a levantar y te voy a cargar hasta el plato». ¿Le permitirías hacerlo? No vas a llegar por ti mismo. Pero Jesús tiene la fuerza que tú no tienes. Él es, después de todo, tu Sumo Sacerdote, capaz y dispuesto para ayudarte en tus momentos de necesidad.

Déjalo que haga lo que vino a hacer. Permítele que te cargue a casa.

CAPÍTULO 8

Cristo está orando por ti

LA PROMESA DE DIOS

Cristo Jesús [...] está a la derecha de
Dios e intercede por nosotros.

—Romanos 8.34

Supondríamos que las tormentas se habrían detenido. Después de todo, Jesús estaba en la tierra. Él creó el planeta. Inventó las tormentas. Creó todo el concepto de la atmósfera, los vientos y la lluvia. Supondríamos que, durante el tiempo que estuviera en su tierra, el mundo estaría libre de tormentas, que Dios suspendería las leyes naturales y le ahorraría a su Hijo el malestar de las lloviznas y los vientos rugientes.

O cuando menos, pensaríamos que Jesús habría caminado dentro de una burbuja. Como la que usa el Papa cuando maneja entre las multitudes. Que rodeen a nuestro Salvador con un escudo protector para que no se moje, no le dé frío, no se asuste ni lo azote el viento. A Jesús le deberían ahorrar las tormentas de la vida.

Y a nosotros también. Entre las expectativas no expresadas del corazón cristiano encontramos esta: *Ahora que le pertenezco a Dios, recibo un pase para las tribulaciones de la vida. Recibo una burbuja. Otros enfrentan tormentas. Vivo para ayudarlos. ¿Pero enfrentar una yo? Imposible.*

Seguir a Jesús es vivir una vida sin tormentas, ¿cierto?

Esa expectativa se estrella rápidamente contra las rocas de la realidad. Lo cierto es esto: la vida llega con tormentas. Jesús nos asegura: «En este mundo afrontarán aflicciones» (Juan 16.33). Las tormentas te llegarán a ti, a mí. Incluso sorprendieron a los primeros discípulos de Jesús: «En seguida Jesús hizo que los discípulos subieran a la barca y se le adelantaran al otro lado mientras él despedía a la multitud [...] Al anochecer [...] la barca ya estaba bastante lejos de la tierra, zarandeada por las olas, porque el viento le era contrario» (Mateo 14.22-24).

A veces creamos nuestras propias tormentas. Bebemos licor más de lo debido o pedimos demasiado dinero prestado o nos juntamos con el grupo de gente equivocado. Nos metemos en una tormenta creada por nosotros mismos.

Ese no fue el caso de los discípulos. Ellos estaban en un mar azotado por una tormenta porque Cristo les dijo que fueran allí. «Jesús hizo que los discípulos subieran a la barca». Eso no era Jonás tratando de huir de Dios; esos eran los discípulos tratando de obedecer a Jesús. Esos son los misioneros que se mudan al extranjero y de pronto se evapora su sostén económico. Son los líderes empresariales que hacen lo correcto solo para ver a los competidores deshonestos ganarse los mejores negocios. Esa es la pareja que honra a Dios en su matrimonio solo para tener una cuna vacía. Ese es el estudiante que se prepara, solo para reprobar el examen. Esos son los discípulos que echaron una barca al mar como Jesús les ordenó, solo para navegar directo a una tempestad. Las tormentas les llegan a los obedientes.

Y llegan dando golpes. «La barca ya estaba bastante lejos de la tierra, zarandeada por las olas, porque el viento le era contrario» (v. 24).

El aire frío que rodea las montañas al este del mar se mezcla con el tibio aire tropical cerca del agua. El resultado es una tempestad. Las tormentas pueden ser intensas en el mar de Galilea.

Jesús despidió a los discípulos al anochecer. «Los discípulos ya habían navegado cinco o seis kilómetros» (Juan 6.19, TLA), cuando los azotó la tormenta. El anochecer se convirtió en noche, la noche se volvió lluviosa y ventosa, y en poco tiempo su barca estaba en una rugiente montaña rusa en el mar de Galilea. La travesía de ocho kilómetros no debió tomarles mucho más de una hora, pero para la cuarta vigilia (de tres a cinco de la madrugada) los discípulos todavía estaban lejos de la orilla.

Se merecen un reconocimiento. No dieron la vuelta y regresaron a la orilla; persistieron en obediencia. Siguieron metiendo los remos en el agua y moviendo la embarcación a través del mar. Pero peleaban una batalla perdida. La tormenta los dejó muy lejos de la orilla, demasiado tiempo en la lucha y muy pequeños ante las olas.

Subámonos con ellos en la barca. Mira sus rostros salpicados de lluvia. ¿Qué ves? Miedo, de seguro. ¿Duda? Definitivamente. Quizás hasta puedas escuchar una pregunta por encima del viento: «¿Sabe alguien dónde está Jesús?».

El texto no registra la pregunta, pero seguramente la hicieron. En la actualidad es así. Cuando una violenta tormenta se abalanza sobre unos discípulos obedientes, ¿dónde rayos está Jesús?

La respuesta es clara y sorprendente: orando.

Jesús había subido «a la montaña para orar a solas» (Mateo 14.23). No hay indicios de que haya hecho otra cosa. No comió. No habló con nadie. No durmió. Él oró. Jesús estaba tan concentrado en la oración que persistió a pesar de que su túnica estaba empapada y su pelo estaba enmarañado. Después de haber estado sirviendo todo el día, oró toda la noche. Sintió los vientos huracanados y la lluvia que aguijoneaba la piel. Él, también, estaba en la tormenta, pero aun así, oró.

¿O deberíamos decir que estaba en la tormenta, *por lo tanto*, oró? ¿Fue la tormenta la razón para su intercesión? ¿Describen sus acciones aquí su primera línea de acción: orar por sus seguidores? Durante las tormentas, Él está «a la derecha de Dios e intercede por nosotros» (Romanos 8.34).

La palabra griega en este versículo que se traduce como «interceder» es un verbo fuerte. Significa hacer peticiones o ruegos específicos ante alguien.[1] Festo, el gobernador de Judea, usó la palabra griega para *interceder* cuando le habló al rey sobre el apóstol Pablo: «Rey Agripa y todos los presentes: Aquí tienen a este hombre. Todo el pueblo judío me ha presentado una demanda contra él, tanto en Jerusalén como aquí en Cesarea, pidiendo a gritos su muerte» (Hechos 25.24).

Hablando en términos bíblicos, esto es lo que hacen los intercesores. Traen ante Dios peticiones fervientes y específicas.

Medita en esta promesa: Jesús, ahora mismo, en este momento, en medio de tu tormenta, está intercediendo por ti. El Rey del universo está hablando a tu favor. Está convocando al Padre celestial. Está rogando la ayuda del Espíritu Santo. Está abogando para que te envíen una bendición especial. No peleas solo contra el viento y las olas. Encontrar una solución no depende de ti. Tienes al poderoso Príncipe y al santísimo Abogado defendiéndote. Cuando Esteban estaba a punto de ser martirizado por su fe, «fijó la mirada en el cielo, y vio la gloria de Dios y vio a Jesús de pie en el lugar de honor, a la derecha de Dios» (Hechos 7.55, NTV).

Jesús se puso de pie por Esteban.

¿Se ha puesto alguien de pie por ti? La respuesta es sí. Jesús está de pie justo en este momento, intercediendo a tu favor.

«¡Concédele a María la fuerza para hacer frente a esta entrevista!».

«¡Dale a Tom la sabiduría necesaria para ser un buen padre!».

«¡Derrota al diablo, que intenta robarle el sueño a Allison!».

«¿Dónde está Jesús?», tal vez preguntaron Pedro y la tripulación.

«¿Dónde está Jesús?», preguntan los que están postrados en cama, los debilitados, los necesitados, los que están muy estresados, las personas solas.

¿Dónde está? Él está en la presencia de Dios, orando por nosotros. Él te dice lo que le dijo a Pedro. Como sabía que el apóstol estaba a punto de ser seriamente probado por Satanás, Jesús le aseguró: «Pero yo he orado por ti, para que no falle tu fe» (Lucas 22.32).

Jesús oró por Pedro. Se puso de pie por Esteban. Él promete orar y ponerse de pie por ti. «Por eso también puede salvar por completo a los que por medio de él se acercan a Dios, ya que vive siempre para interceder por ellos» (Hebreos 7.25).

Cuando a nosotros se nos olvida orar, Él se acuerda de hacerlo.

Cuando estamos llenos de duda, Él está lleno de fe.

Cuando no merecemos ser escuchados, Él siempre es digno de ser escuchado.

Jesús es el Sumo Sacerdote sin pecado y perfecto. Cuando Él habla, todo el cielo escucha.

La esperanza inconmovible es el primogénito de esta promesa. Nos gustaría conocer el futuro, pero no lo conocemos. Anhelamos ver el camino que tenemos por delante, pero no podemos. Preferiríamos recibir respuesta para todas las preguntas, pero en cambio, Jesús ha decidido respondernos así: «Oraré por ti durante la tormenta».

¿Reciben respuesta las oraciones de Jesús? Por supuesto.

¿Superarás esta tormenta? Creo que sabes la respuesta.

Alguien podría objetar. Si Jesús estaba orando, ¿por qué siquiera ocurrió la tormenta? ¿Acaso un Jesús intercesor no es garantía de una vida libre de tormentas? Mi respuesta: ¡por supuesto! Esa vida sin tormentas será inaugurada en el reino eterno. Entre ahora y entonces, como este es un mundo caído y como el diablo sigue provocando dudas y miedo, podemos contar con las tormentas. Sin embargo, también podemos contar con la presencia y las oraciones de Cristo en medio de ellas.

Mi amigo Chris pasó por una tormenta cuando tenía nueve años. Lo diagnosticaron con mononucleosis. El doctor le ordenó que se mantuviera dentro de la casa durante todo el verano. Chris era un muchacho bullicioso, atlético y extrovertido. ¿Pasar el verano sin poder salir de la casa? ¿Sin poder jugar béisbol, sin viajes a pescar, sin paseos en bicicleta? Sería lo mismo que encerrar un águila en una jaula para pájaros.

Esta era la versión de una tempestad para un niño de nueve años.

Sin embargo, el papá de Chris era un hombre de fe. Él decidió encontrar algo bueno en la cuarentena. Él vendía guitarras en su farmacia y era un guitarrista bastante bueno. Así que le dio una guitarra a Chris. Cada mañana le enseñaba a su hijo un nuevo acorde o una nueva técnica, y le pedía que practicara todo el día. Chris lo hizo.

Resulta que tenía un talento natural para la guitarra. Así que tras aprender y practicar con su padre, llegó a tocar melodías del famoso cantante Willie Nelson y empezó a componer algunas canciones.

En unos pocos años estaba dirigiendo la adoración en las iglesias. Pocas décadas después, lo reconocieron como el «compositor más interpretado en el mundo».[2] Es posible que hayas escuchado alguna de su música: «Cuán grande es Dios», «Santo es el Señor», «Jesús Mesías».

No puedo evitar pensar que Jesús estaba orando por Chris Tomlin cuando tenía nueve años.

Los mejores esfuerzos del diablo por desalentarnos sucumben ante la determinación de Dios para moldearnos. Lo que Satanás propone para mal, Jesús lo usará para bien. Los esfuerzos de Satanás para destruirnos realmente desarrollarán nuestra fe. Jesús dice: «En este mundo afrontarán aflicciones, pero ¡anímense! Yo he vencido al mundo» (Juan 16.33).

¿Puedes imaginarte la certeza que trae esa intercesión? Tyler Sullivan sí puede. Cuando tenía once años y estaba en quinto grado, faltó un día a clases. No lo hizo para pasar un rato con sus amigos o ver televisión; no fue a la escuela para poder conocer al presidente de Estados Unidos.

Barack Obama estaba de visita en Golden Valley, Minesota, la ciudad donde vivía Tyler. Su papá había presentado al presidente en una actividad especial. Después de su discurso, cuando Tyler conoció al presidente, Obama se dio cuenta de que Tyler había faltado a clases ese día. Le pidió a un ayudante que le diera una tarjeta con el sello presidencial. Le preguntó a Tyler cuál era el nombre de su maestra. Y luego escribió una nota: «Por favor, excuse a Tyler. Él estaba conmigo. Barack Obama, el presidente».[3]

Creo que la maestra leyó la nota y lo excusó. No todos los días el presidente habla a favor de un niño.

Pero cada día Jesús habla a favor tuyo. Él «vive siempre para interceder por [nosotros]» (Hebreos 7.25). Jesús está orando por la gente de la promesa. En medio de tu tormenta, él está orando por ti.

Y a través de la bruma de tu tormenta, Él se acerca. «En la madrugada, Jesús se acercó a ellos caminando sobre el lago. Cuando los discípulos lo vieron caminando sobre el agua, quedaron aterrados. "¡Es un fantasma!", gritaron de miedo» (Mateo 14.25, 26).

Jesús era la respuesta a su propia oración.

Él transformó el agua en un sendero. Aquel que hizo que el mar Rojo se dividiera en dos paredes para Moisés, e hizo que flotara un hacha para Eliseo, transformó el agua del mar de Galilea en un sendero nivelado y, en la tormenta, se acercó caminando a los apóstoles.

Los discípulos se asustaron. No pensaron que verían a Jesús en la borrasca.

Ni tampoco Nika Maples. Ella creía que estaba completamente sola. El lupus había arrasado su cuerpo, le había causado dificultad para hablar y había empañado su vista. No podía caminar, pararse ni moverse. Solo podía comer pequeños bocaditos. Respiraba jadeando y tenía que hacer un esfuerzo supremo. Si acaso dormía, era muy poco. Los médicos estaban desconcertados y la familia de Nika estaba aterrada. Solo tenía veinte años y su cuerpo estaba dejando de funcionar.

Cuando la internaron en la unidad de cuidados intensivos en un hospital en Forth Worth, Texas, los médicos estaban comenzando a sospechar que no sobreviviría. En una noche particularmente difícil, Nika no podía conciliar el sueño. Sabía que podría descansar mejor si alguien le tomaba la mano. Pero como no podía hablar, no tenía manera de pedir consuelo. Su mamá estaba en la habitación, pero por su manera de respirar Nika sabía que se había quedado dormida. Así que comenzó a orar: *Dios, te necesito. No puedo quedarme dormida... ¿Podrías enviar a alguien para que tome mi mano? No puedo decirle a nadie lo que necesito, no puedo pedírselo a nadie. ¿Podrías decirle a mamá o a una enfermera o a alguien que tome mi mano?*

Los minutos pasaban lentamente. El colchón giratorio la volteó sobre su costado y luego la giró otra vez, hasta quedar boca arriba. Y mientras eso ocurría, alguien entró a la habitación.

«El aroma de su piel era extraño, pero claramente tenía suaves matices masculinos. Sus pasos no hicieron ruido; mamá ni siquiera se movió... [Él] tomó mi mano derecha y la sostuvo afectuosamente. Intenté abrir mis ojos, pero no podía».

Nika se quedó dormida. Cuando despertó, todavía le estaba sosteniendo la mano. Su mamá seguía dormida al otro lado de la habitación. Nika intentó abrir los ojos otra vez para ver a su nuevo amigo. Esta vez pudo hacerlo. Miró a través de su visión borrosa. No había nadie. En ese momento desapareció la presión en su mano.

Ella está convencida de que Cristo estuvo con ella.[4]

Él hizo por ella lo que hizo por los discípulos. Vino por ella en la tormenta.

Sus seguidores dijeron que era un fantasma, pero aun así Jesús se acercó. La fe de Pedro se convirtió en temor, pero aun así Jesús caminó sobre el agua. Los vientos rugieron y se embravecieron, pero Jesús no se distrajo de su misión. Se mantuvo en su curso hasta que su punto quedó claro: Él es soberano sobre todas las tormentas. Los discípulos, por primera vez en las Escrituras, lo adoraron.

«Verdaderamente tú eres el Hijo de Dios» (Mateo 14.33).

Con una barca quieta como su altar y sus corazones palpitantes como su liturgia, adoraron a Jesús.

¡Que tú y yo hagamos lo mismo!

CAPÍTULO 9

No hay ninguna condenación

LA PROMESA DE DIOS

Por lo tanto, ya no hay ninguna condenación
para los que están unidos a Cristo Jesús.

—Romanos 8.1

Ciudad de Nueva York.

Si quieres ver la silueta de la ciudad, mira desde el puente Brooklyn.

Para espectáculos, ve a Broadway.

¿Estás buscando inspiración? Visita la Estatua de la Libertad.

¿Te gusta comprar? Las tiendas en la Quinta Avenida esperan por tu tarjeta de crédito.

Pero si quieres sentirte deprimido, totalmente abrumado y absolutamente consternado, toma un taxi hasta la esquina de la Avenida de las Américas y la calle Cuarenta y cuatro oeste, y pasa unos instantes delante del Reloj de la Deuda Pública de Estados Unidos. El rótulo mide siete metros de ancho, pesa seiscientos ochenta kilogramos y usa trecientas seis bombillas que constante, despiadada e interminablemente declaran la deuda de esta nación y la fracción correspondiente a cada familia. El reloj original no fue construido para retrasarlo, pero esa función rara vez se ha necesitado. Se han discutido planes para un modelo actualizado que pueda presentar algunos cuatrillones de dólares.[1] Si la deuda es un maremoto, de acuerdo con ese rótulo la resaca nos va a arrastrar mar adentro.

No soy economista; soy predicador. Pero mi experiencia fiscal me ha enseñado esto: cuando la gente debe más de lo que posee, espera problemas.

Otra vez, no soy economista. Soy predicador, lo que quizás explique la pregunta extraña que se me ocurrió mientras reflexionaba en el reloj de la deuda. ¿Qué tal si el cielo tuviera uno de esos? ¿Un rótulo que midiera no nuestra deuda fiscal, sino la espiritual? Con frecuencia la Biblia se refiere al pecado en términos financieros. Jesús nos enseñó a orar: «Perdónanos nuestras deudas» (Mateo 6.12). Si el pecado es una deuda, ¿tenemos tú y yo un contador de transgresiones en el cielo? ¿Hace clic con cada infracción?

Mentimos. *Clic.*

Chismeamos. *Clic.*

Exigimos que se haga a nuestra manera. *Clic.*

Nos quedamos dormidos mientras leemos un libro de Lucado. *Clic, clic, clic.*

¡Y mira que eso es deprimente! Una deuda financiera es una cosa, ¿pero una espiritual? La deuda del pecado tiene una consecuencia seria. Nos separa de Dios.

> Son las iniquidades de ustedes
>> las que los separan de su Dios.
> Son estos pecados los que lo llevan
>> a ocultar su rostro para no escuchar (Isaías 59.2).

El álgebra del cielo lee algo como esto: el cielo es un lugar perfecto para gente perfecta, lo que nos deja en un lío perfecto. Según el reloj celestial de la deuda debemos más de lo que jamás podríamos repagar. Cada día añade más pecado, más deuda y más preguntas como esta: «¿Quién me librará?» (Romanos 7.24).

La comprensión de nuestra deuda moral lanza a algunas personas a un frenesí de buenas obras. La vida se convierte en una interminable lista de cosas por hacer: hacer lo suficiente, ser mejores y lograr más. Es una búsqueda de piedad. Asistimos a la iglesia, cuidamos a los enfermos, vamos a peregrinaciones y hacemos ayunos. Sin embargo, muy adentro está el miedo constante: *¿Qué tal sí, a pesar de haber hecho todo eso, aun así no es suficiente?*

Otras personas no responden a la lista con actividad, sino con incredulidad. Levantan los brazos y se alejan exasperados. Ningún Dios exigiría tanto. No hay manera de complacerlo. No hay forma de que se sienta satisfecho. Seguramente no existe. Y si existe, no vale la pena conocerlo.

Dos extremos. El legalista y el ateo. El trabajo desesperado por impresionar a Dios. El incrédulo convencido de que Dios no existe. ¿Te identificas con alguno de los dos? ¿Conoces la fatiga que acompaña al legalismo? ¿Conoces la soledad que viene del ateísmo?

¿Qué hacemos? ¿Son la desesperación y la incredulidad las únicas opciones?

A nadie le gustaba más contestar esa pregunta que al apóstol Pablo, que dijo: «Por lo tanto, ya no hay ninguna condenación para los que están unidos a Cristo Jesús» (Romanos 8.1).

¿Cómo podía decir eso? ¿Acaso no ha visto la deuda que tenemos? Él ciertamente había visto la suya. Pablo apareció en las páginas de la Biblia como Saulo; se autoproclamó el mejor de todos los fariseos y el hombre más religioso en la ciudad. Pero todos sus escrúpulos y su cumplimiento de la ley no lo convirtieron en un mejor ser humano. Era despiadado e iracundo, y estaba decidido a exterminar a todos los cristianos y a todo lo relacionado con ellos.

Su actitud comenzó a cambiar en el camino a Damasco. Fue entonces cuando Jesús se le apareció en el desierto, lo tumbó de su caballo y lo dejó ciego por tres días. Pablo solo podía ver en una dirección: hacia dentro. Y lo que vio no le gustó. Vio a un tirano de mente estrecha. Durante su ceguera, Dios le mostró en una visión que un hombre llamado Ananías le haría recobrar la vista. Y cuando Ananías lo hizo, Pablo «se levantó y fue bautizado» (Hechos 9.18).

Al cabo de unos días ya estaba predicando sobre Cristo. En pocos años, salió en su primer viaje misionero. En un par de décadas estaba escribiendo las cartas que todavía leemos hoy; cada una de las cuales defiende a Cristo y la cruz.

No se nos dice cuándo entendió Pablo el significado de la gracia. ¿Fue inmediatamente en el camino a Damasco? ¿O fue gradualmente en los tres días de oscuridad? ¿O fue después de que Ananías restableció su vista? No lo sabemos. Pero sí sabemos que Pablo alcanzó gracia. O la gracia alcanzó a Pablo. De cualquier manera, aceptó la oferta improbable de que Dios nos haría justos con Él a través de Jesucristo. La lógica de Pablo siguió un esquema sencillo:

Nuestra deuda es suficiente para hundirnos.

Dios nos ama demasiado para abandonarnos.

Así que Dios ha encontrado una manera de salvarnos.

Pablo comenzó su caso a favor de Cristo describiendo nuestro problema: «Por cuanto todos pecaron, y están destituidos de la gloria de Dios» (Romanos 3.23, RVR60). No hemos cumplido con los estándares que Dios estableció. Se suponía que lleváramos la naturaleza de Dios. Que habláramos, actuáramos y nos comportáramos como Él habla, actúa y se comporta. Que amáramos como Él ama. Que valoráramos como Él valora. Que honráramos a los que Él honra. Este es el criterio glorioso que Dios ha establecido. Y no lo hemos alcanzado. Jesús, por su parte, sí lo alcanzó. «Cristo nunca pecó» (2 Corintios 5.21, TLA).

¡Qué afirmación tan extraordinaria! Ni una sola vez Jesús dobló a la derecha cuando se suponía que lo hiciera a la izquierda. No se quedó callado cuando se suponía que hablara ni habló cuando se suponía que permaneciera en silencio. Él fue «tentado en todo de la misma manera que nosotros, aunque sin pecado» (Hebreos 4.15). Él era la imagen de Dios las veinticuatro horas del día, siete días a la semana.

Cuando se trata de estándar, Él es el estándar. Estar libre de pecado es ser como Jesús.

Pero ¿quién puede hacerlo?

Es posible que tengamos momentos de bondad y generosidad esporádicos, pero ¿quién entre nosotros refleja la imagen de Dios todo el día, todos los días? Pablo no encontró a nadie. «Así está escrito: "No hay un solo justo, ni siquiera uno; no hay nadie que entienda, nadie que busque a Dios"» (Romanos 3.10, 11).

La gente se irrita, con frecuencia, ante el mensaje de estos versículos. Se ofenden ante el alegato. ¿Que nadie es justo? ¿Que nadie busca a Dios? Y entonces presentan su currículum de rectitud. Pagan sus impuestos. Aman a sus familias. Esquivan la adicción. Dan dinero a los pobres. Buscan justicia para los oprimidos. Comparados con el resto del mundo, son buenas personas.

¡Ah!, pero aquí está el problema. Nuestro estándar no es el resto del mundo. Nuestro estándar es Cristo. Comparados con Cristo, nosotros, bueno... ¿Puedes escuchar el reloj de la deuda?

Hace algún tiempo, comencé a nadar como ejercicio. No me compré uno de esos bañadores pequeños marca Speedo, pero compré gafas de natación, fui a una piscina y comencé. Durante las semanas siguientes hice algunos progresos, de renacuajo a ranita. No era la gran cosa, pero podía nadar el carril ida y vuelta. De hecho, me estaba sintiendo bastante bien con mi mejoría.

Tan bien que cuando Josh Davis me invitó a nadar con él, acepté. ¿Recuerdas a Josh Davis? El ganador de tres medallas de oro en los Juegos Olímpicos en Atlanta. Su cintura mide lo mismo que mi muslo. La mitad de su calentamiento es toda mi sesión de ejercicios. Él se siente tan cómodo en un carril de natación como la mayoría de nosotros en la fila de una cafetería.

Así que cuando se ofreció a darme algunos consejos, salté a la piscina. (Dicho sea de paso, una piscina que se llama Natatorio Josh Davis). No olvidemos que tenía dos meses de experiencia de natación en mi haber... ¿Olimpiadas para adultos? ¡Quién sabe! Josh estaba en su carril y yo en el mío, y me sugirió: «Nademos dos vueltas para ver cuán rápido puedes hacerlo». Y me fui. Di todo lo que tenía. Me sorprendió que al llegar él había tocado la pared solo unos segundos antes que yo. Me sentí muy bien conmigo mismo. Casi esperaba ver a fotógrafos y a patrocinadores reunidos al borde de la piscina.

—¿Llevas mucho tiempo aquí? —jadeé.

—Solo unos pocos segundos.

—¿Quieres decir que terminé solo unos pocos segundos después de ti?

—Así es.

Espera... olvídate de las Olimpiadas para adultos. Estoy pensando en el récord mundial. Pero entonces, Josh añadió: «Solo hubo una diferencia. Mientras tú nadaste dos vueltas, yo nadé seis».

Josh levantó el listón. Mostró nadar al más alto nivel.

En una escala minúscula, él hizo en la piscina lo que Jesús hizo por la humanidad.

Jesús mostró cómo luce una vida piadosa.

Por tanto, ¿qué hacemos? Él es santo; nosotros no. Él es perfecto; nosotros no. Su carácter es impecable; el nuestro tiene defectos. Un abismo profundo nos separa de Dios. ¿Podríamos esperar que Dios lo pase por alto? Él lo haría, excepto por un detalle esencial. Él es un Dios de justicia. Si no castiga el pecado, no es justo. Si no es justo, ¿entonces qué esperanza tenemos de un cielo justo? La próxima vida estará ocupada por pecadores que encontraron un tecnicismo, que eludieron el sistema. No obstante, si Dios nos castiga por nuestro pecado, entonces estamos perdidos. Así que, ¿cuál es la solución? Regresemos a Pablo para la explicación:

> Pues ¿qué dice la Escritura? «Le creyó Abraham a Dios, y esto se le tomó en cuenta como justicia». Ahora bien, cuando alguien trabaja, no se le toma en cuenta el salario como un favor, sino como una deuda. Sin embargo, al que no trabaja, sino que cree en el que justifica al malvado, se le toma en cuenta la fe como justicia (Romanos 4.3-5).

Las deudas son para pagarlas. Tengo una tarjeta de crédito. Si hago un cheque para pagar el saldo de la tarjeta, me eliminan la deuda y el saldo quedaría en cero. No tendría ninguna deuda. Ningún pago pendiente. Ninguna obligación. Ninguna en absoluto.

Según Pablo, Dios ha hecho lo mismo con nuestra deuda espiritual. Él nos presenta a Abraham como ejemplo de un receptor de gracia. Sí, ¡el Abraham del año 2000 A.C.! Abraham no tenía una deuda de tarjeta de crédito, sino una deuda espiritual. Había pecado. Era un buen hombre, estoy seguro, pero no lo suficientemente bueno como para vivir sin deuda. Su reloj de la deuda tenía muchísimos clics.

Cada vez que le gritaba una palabrota a su camello. *Clic.*

Cada vez que coqueteaba con una criada. *Clic.*

Cada vez que se preguntaba a dónde lo estaba dirigiendo Dios y si este sabía adónde él se dirigía. *Clic. Clic. Clic.*

Pero a pesar de todo lo malo que hizo Abraham, escogió hacer algo bueno. Él creyó. Puso su fe en Dios. Y como creyó, algo maravilloso e inexplicable le ocurrió a su reloj de deuda.

¡Fue devuelto a cero!

«Le creyó Abraham a Dios, y esto se le tomó en cuenta como justicia». La promesa de Dios a Abraham fue la salvación por fe. La promesa de Dios para ti y para mí es la salvación por fe. Solo por fe.

Dios hizo que Cristo, al derramar su sangre, fuera el instrumento del perdón. Este perdón se alcanza por la fe. Así quería Dios mostrar cómo nos hace justos: perdonando los pecados que habíamos cometido antes, porque él es paciente. Él quería mostrar en el tiempo presente cómo nos hace justos; pues así como él es justo, hace justos a los que creen en Jesús. (Romanos 3.25, 26, DHH)

Dios nunca transigió en su estándar. Él satisfizo toda petición de justicia. Pero también satisfizo el anhelo de amor. Demasiado justo como para pasar por alto nuestro pecado, demasiado amoroso como para ignorarnos, Él puso nuestro pecado sobre su Hijo y lo castigó allí. «Al que no cometió pecado alguno, por nosotros Dios lo trató como pecador, para que en él recibiéramos la justicia de Dios» (1 Corintios 5.21).

Ahora entendemos el grito de Cristo desde la cruz: «Dios mío, Dios mío, ¿por qué me has desamparado?» (Mateo 27.46).

Jesús sintió la ira de un Dios justo y santo.

Una ola tras otra. Una carga tras otra. Una hora tras otra. Él gritó las palabras del salmo que debió haber conocido desde su juventud: «¿Por qué me has desamparado?». Jesús sintió la separación entre su Padre y Él.

Y entonces, cuando ya casi no podía soportar más, exclamó: «Todo se ha cumplido» (Juan 19.30). Su misión había terminado.

En el momento de la muerte de Jesús, ocurrió un milagro increíble. «Pero Jesús dio un fuerte grito, y murió. Y el velo del templo se rasgó en dos, de arriba abajo» (Marcos 15.37, 38, DHH). «El velo separaba al pueblo del Lugar santísimo del templo, y había sido así por siglos. Según la tradición, el velo —que tenía el grosor de la palma de la mano— era un tejido de setenta y dos trenzas torcidas, y cada trenza consistía de veinticuatro hilos. Al parecer, el velo medía sesenta pies de largo por treinta pies de ancho».[2]

No estamos hablando de cortinas pequeñas y delicadas. Esta cortina era una pared hecha de tela. El que se haya rasgado de arriba abajo revela que las manos detrás de la acción eran divinas. Dios mismo agarró la cortina y la rasgó en dos.

¡Se acabó!

No más división. No más separación. No más sacrificios. «Ya no hay ninguna condenación para los que están unidos a Cristo Jesús» (Romanos 8.1).

[Jesús] mismo cargó nuestros pecados
   sobre su cuerpo en la cruz,
para que nosotros podamos estar muertos al pecado
   y vivir para lo que es recto.
Por sus heridas,
   ustedes son sanados. (1 Pedro 2.24, NTV)

La obra de redención del cielo estaba terminada. La muerte de Cristo trajo vida nueva. Cualquier barrera que nos haya separado —o pueda separarnos jamás— de Dios ya no existe.

¡Ya no existe el temor de no dar la talla! Desapareció la búsqueda ansiosa de la conducta correcta. Ya no existen las preguntas inquietantes: ¿he hecho lo suficiente? ¿Soy lo suficientemente bueno? ¿Lograré lo suficiente? El legalista encuentra descanso. El ateo encuentra esperanza. El Dios de Abraham no es un Dios de cargas, sino un Dios de descanso. Él sabe que estamos hechos de carne. Sabe que no podemos alcanzar la perfección. El Dios de la Biblia, sin embargo, es aquel que dice:

Vengan a mí todos ustedes que están cansados y agobiados, y yo les daré descanso. Carguen con mi yugo y aprendan de mí, pues yo soy apacible y humilde de corazón, y encontrarán descanso para su alma. Porque mi yugo es suave y mi carga es liviana (Mateo 11.28-30).

Cuando pierdes los estribos con tu hijo, Cristo interviene. «Yo pagué por eso». Cuando mientes y todo el cielo se queja, tu Salvador dice: «Mi muerte cubrió ese pecado». Cuando deseas a alguien que aparece en la página central, te deleitas en el dolor de alguien, codicias el éxito de alguien o maldices el error de otra persona, Jesús se presenta ante el tribunal del cielo y señala a la cruz manchada con sangre. «Ya tomé las medidas necesarias. Pagué esa deuda. Ya cargué los pecados del mundo».

Karl Barth describe la gracia así:

> En un lado está Dios en su gloria como Creador y Señor... Y en el otro lado está el hombre, no solo la criatura, sino el pecador, el que existe en la carne y quien en la carne está contra Él. No es simplemente una frontera, sino un abismo profundo. Sin embargo, este abismo es cruzado, no por el hombre, no por Dios y el hombre, sino solo por Dios... Este hombre ni siquiera sabe cómo ocurre ni cómo le pasa.[3]

La salvación, de principio a fin, es obra de nuestro Padre. Dios no se para en una montaña y nos dice que la escalemos y lo encontremos. Él baja hasta nuestro valle oscuro y nos encuentra. No ofrece pagar toda la deuda menos un dólar, si nosotros pagamos el dólar. Él paga hasta el último centavo. No ofrece completar la obra si nosotros la comenzamos. Él hace todo el trabajo, de principio a fin. No negocia con nosotros y nos dice que pongamos en orden nuestra vida para entonces ayudarnos. Él lava nuestros pecados sin nuestra ayuda.

En una ocasión, una anciana preguntó sobre la seguridad de su salvación. Aunque había dedicado su vida al Señor, un cínico preguntó: «¿Cómo puede estar segura? ¿Cómo sabe usted que después de todos estos años Dios no la dejará que se hunda en el infierno?».

«Él perdería más si lo hiciera», le contestó. «Yo solo perdería mi propia alma. Él perdería su buen nombre».

¡Qué gran regalo te ha dado Dios! Te has ganado la lotería más grande en la historia de la humanidad, ¡y ni siquiera pagaste por el boleto! Tu alma está segura, tu salvación está garantizada. Tu nombre está escrito en el único libro que importa. Estás simplemente a unos pocos granos en el reloj de arena de una existencia sin lágrimas, sin sepulcro y sin dolor.

Este es el mensaje de Dios, la promesa de la gracia. La declaración que Pablo predicó con entusiasmo incansable: «Lo que nosotros no podemos hacer, Dios lo ha hecho. Él nos justifica por su gracia». La gracia es completamente de Dios. Dios amándonos. Dios inclinándose. Dios ofreciendo. Dios cuidando y Dios cargando.

Esta es la versión de la gracia de Dios. ¿Es tuya? No pases esta pregunta muy aprisa. La culpa hierve a fuego lento como un veneno en demasiadas almas. No permitas que tenga un lugar en la tuya. Antes que pases la página, aprópiate de esta promesa que está escrita con la sangre carmesí de Cristo: «Ya no hay ninguna condenación para los que están unidos a Cristo Jesús» (Romanos 8.1).

Ninguna condenación. No «condenación limitada», «condenación apropiada» o «condenación calculada». Eso es lo que da la gente. ¿Qué les da Dios a sus hijos? «Ninguna condenación».

Afírmate en esta promesa. O, mejor dicho, lleva esta promesa hasta el reloj, hasta el reloj de tu deuda personal. Y mientras miras la deuda insuperable que debes, la deuda que jamás podrás pagar, permite que esta promesa sea declarada: «Ya no hay ninguna condenación para los que están unidos a Cristo Jesús».

CAPÍTULO 10

Esta tumba pasajera

LA PROMESA DE DIOS

La muerte ha sido devorada por la victoria.

—1 Corintios 15.54

Hace algunos años, recibí una llamada urgente para que fuera a visitar a un hombre agonizante en el hospital. No conocía muy bien a Peter, pero sabía que estaba pagando un precio alto por su estilo de vida. Los años de consumo de drogas y alcohol habían afectado su sistema. Aunque había hecho las paces con Dios a través de Cristo, su hígado estaba en conflicto con su cuerpo.

Cuando su exesposa me llamó por teléfono, estaba junto a su cama en el hospital y me explicó que Peter estaba tocando a la puerta de la muerte. Y aunque me apresuré, la cruzó minutos antes de que yo llegara. El ambiente en la habitación del hospital tenía ese aire de «acaba de ocurrir». Ella todavía estaba junto a su cama. El pelo de Peter estaba hacia atrás, justo donde ella lo había tocado. Tenía impreso un beso en lápiz labial debajo de los nudillos en su mano izquierda. Las gotas de sudor brillaban en su frente.

Ella me vio entrar y alzó la vista. Con sus ojos y sus palabras me explicó: «Acaba de irse».

Peter se escabulló silenciosamente. Se fue. Partió. En un momento estaba aquí. Al siguiente... ¿dónde? Dicen que pasó a mejor vida. ¿Pero a mejor vida dónde? ¿Y en qué forma? ¿En qué manera? Y, una vez allí, ¿qué ve? ¿Qué descubre o hace? ¡Tenemos tantos deseos de entender!

¿Quién en tu vida «acaba de irse»? Cuando la respiración de tu cónyuge se detuvo, cuando el corazón palpitante en tu vientre paró, cuando el sonido del monitor de tu abuela se convirtió en un tono sin señales de vida, ¿qué pasó en ese momento?

¿Y qué te pasará en el tuyo? A menos que Cristo regrese, tendrás uno... una última boqueada, un latido final. Tus pulmones se vaciarán y la sangre se detendrá. ¿Qué seremos después de morir? Las respuestas varían.

- Nada, dicen algunas personas. Nos vamos a descomponer y a desintegrar. La muerte no tiene salida. Nuestras obras y nuestra reputación tal vez sobrevivan, pero nosotros no.
- ¿Fantasmas, tal vez? Espíritus de lo que antes éramos. Pálidos como una ventisca de nieve. Y con la estructura de la neblina mañanera. ¿Qué seremos después de morir? Espectros.
- O halcones. O vacas. O un mecánico de autos en Kokomo. La reencarnación nos recompensa o nos castiga de acuerdo a nuestra conducta. Regresamos a la tierra en otro cuerpo mortal.
- O una parte del universo. La eternidad nos absorbe como un lago absorbe una gota de lluvia. Regresamos a lo que éramos antes de que fuéramos lo que somos... Regresamos a la conciencia cósmica del universo.

Por otro lado, el cristianismo postula una idea nueva y asombrosa. «La muerte ha sido devorada por la victoria» (1 Corintios 15.54). El cementerio es más un lugar de ganancia que de pérdida. Se debe llorar por los muertos en Cristo, sin duda. Pero también debemos envidiarlos. Los cantos fúnebres son comprensibles, pero un toque de trompeta sería igualmente apropiado.

Según la promesa de la tumba vacía, mi amigo Peter despertó en un mundo tan maravillosamente mejor que este, que haría falta que Dios mismo lo convenciera para regresar a la tierra. Sabemos esto porque los milagros de Jesús incluyeron solo tres resurrecciones. Me imagino que le dio mucho trabajo conseguir invitados que regresaran.

La gente de la promesa se aferra a la esperanza inconmovible que depende de la resurrección de Cristo. La esperanza cristiana depende completamente de la conjetura de que Jesucristo murió una muerte física, desocupó una tumba real y ascendió al cielo donde, en este momento, reina como cabeza de la iglesia.

La resurrección cambió todo.

Era la mañana del domingo, después de la ejecución del viernes. El cielo estaba oscuro. Los discípulos se habían esparcido. Y el verdugo romano cavilaba sobre el desayuno o el trabajo o su próximo día libre. Pero no se estaba preguntando sobre el Hombre al que había clavado a una cruz y traspasado con una lanza. Jesús estaba muerto y enterrado.

Era la noticia de ayer, ¿cierto?

Falso.

Sucedió que hubo un terremoto violento, porque un ángel del Señor bajó del cielo y, acercándose al sepulcro, quitó la piedra y se sentó sobre ella. Su aspecto era como el de un relámpago, y su ropa era blanca como la nieve. Los guardias tuvieron tanto miedo de él que se pusieron a temblar y quedaron como muertos.

El ángel dijo a las mujeres:

—No tengan miedo; sé que ustedes buscan a Jesús, el que fue crucificado. No está aquí, pues ha resucitado, tal como dijo. Vengan a ver el lugar donde lo pusieron. (Mateo 28.2-6)

Si esas palabras nunca hubieran sido pronunciadas, si el cuerpo de Jesús se hubiera descompuesto en una tumba prestada, no estuvieras leyendo estas palabras y no estaríamos discutiendo esta promesa. Pero las palabras fueron pronunciadas y la promesa fue hecha.

Jesús salió en un recorrido de resurrección. Se apareció a las mujeres cerca de la tumba. Se apareció a los seguidores en el Aposento Alto. Se apareció a los discípulos en el camino a Emaús. Se apareció a sus amigos en la playa de Galilea. Les habló. Comió con ellos. Ellos tocaron su cuerpo; escucharon sus palabras. Estaban convencidos de que este Jesús había resucitado de los muertos.

Ellos también creyeron que su resurrección es la antesala y la promesa de la nuestra. Lo que Dios hizo por Él, lo hará por nosotros. Cuando Jesús resucitó de los muertos fue la «primicia» (1 Corintios 15.20, 23). Las «primicias» son el primer fruto de la cosecha. El agricultor puede anticipar la calidad de la cosecha tomando una muestra del primer lote. Nosotros podemos anticipar nuestra resurrección mirando la resurrección de Cristo. ¿Qué ocurrirá cuando mueras? Las Escrituras revelan algunas garantías fascinantes.

Tu espíritu entrará inmediatamente a la presencia de Dios. Disfrutarás una comunión consciente con el Padre y con los que se fueron antes. Tu cuerpo te alcanzará después. Creemos que esto es cierto debido a versículos como el siguiente: «Así que nos mantenemos confiados, y preferiríamos ausentarnos de este cuerpo y vivir junto al Señor» (2 Corintios 5.8).

Cuando la esposa de Peter me preguntó qué le pasó a su esposo, pude decirle con certeza: «Está lejos de su cuerpo y en casa con el Señor».

¿No es esta la promesa que Jesús le hizo al ladrón en la cruz? «Te aseguro que hoy estarás conmigo en el paraíso» (Lucas 23.43). Cristo prometió «hoy». Sin retraso. Sin pausa. Sin limpieza en el purgatorio ni almas que duermen. El alma del creyente regresa a casa, mientras el cuerpo del creyente espera la resurrección.

Mi amigo Luis tomó este viaje. Durante los últimos años, él me saludaba en la tienda de abarrotes donde trabajaba y donde yo solía comprar café cada mañana. Él era un alma muy amable y gentil. Incluso cuando su corazón empezó a deteriorarse, su esperanza nunca menguaba. La semana pasada su corazón se rindió. Sufrió un paro cardiaco tres veces, y el equipo médico pudo resucitarlo dos veces. Después del primer evento, su esposa fue conducida a la habitación. Lo que Luis había visto le hizo susurrarle a ella: «Ven conmigo, está muy bonito».

El paraíso es la primera etapa del cielo.

Pero el paraíso no es la versión final del cielo ni la máxima expresión del hogar.

La era final comenzará cuando Cristo regrese en el día final. «El Señor mismo descenderá del cielo con voz de mando» (1 Tesalonicenses 4.16). Antes que veas ángeles, escuches trompetas o abraces a tus abuelos, te envolverá la voz de Jesús. «Jehová rugirá desde lo alto» (Jeremías 25.30, RVR60).

Él despertará el cuerpo y convocará el alma de los muertos. «Los muertos oirán la voz del Hijo de Dios ... todos los que están en los sepulcros oirán su voz, y saldrán de allí» (Juan 5.25, 28, 29). El que nos creó nos vendrá a buscar. «El Señor que dispersó a su pueblo, lo reunirá» (Jeremías 31.10, NTV).

He visitado cementerios y he tratado de imaginarme ese momento. En la carretera donde Denalyn y yo hacemos nuestras caminatas hay un pequeño cementerio rural. Las lápidas ya están tan desteñidas que apenas pueden leerse. Hace un siglo que no mueven la tierra. Los pocos nombres que se distinguen comparten un apellido. Supongo que ahí esté enterada una familia. Es solo uno de los millones de cementerios alrededor del planeta. No obstante, si esas palabras de Jeremías son ciertas, algún día será testigo de un milagro indescriptible. El mismo Dios que estremeció la tumba de José de Arimatea estremecerá la tierra de ese sencillo cementerio. La hierba será empujada desde adentro. Los féretros se abrirán y los cuerpos de estos seres olvidados serán llamados al cielo.

¿Pero en qué forma? ¿Cómo se verán los cuerpos? ¿En qué estado aparecerán? Están descompuestos, algunos ya son polvo. Algunos fueron asolados por la enfermedad y algunas deformidades. Otros fueron acribillados a balas o destruidos por el fuego. ¿Cómo serán, esos cuerpos, dignos del cielo?

He aquí la respuesta de Pablo.

Cuando morimos, nuestros cuerpos terrenales son plantados en la tierra, pero serán resucitados para que vivan por siempre. Nuestros cuerpos son enterrados en deshonra, pero serán resucitados en gloria. Son enterrados en debilidad, pero serán resucitados en fuerza. Son enterrados como cuerpos humanos naturales, pero serán resucitados como cuerpos espirituales.

Pues, así como hay cuerpos naturales, también hay cuerpos espirituales (1 Corintios 15.42-44, NTV).

Los espíritus se reunirán con los cuerpos y el resultado será un organismo espiritual. Así como una semilla se convierte en una planta, este cuerpo carnal se convertirá en uno espiritual. Te encantará el tuyo.

Nunca has visto la mejor expresión de ti mismo. Aun en tus mejores días, estás a merced de las bacterias, el cansancio y las heridas. Nunca te has conocido tal como Dios quería que fueras. ¡Pero lo harás! Intenta imaginarte un cuerpo sin dolor, una mente sin pensamientos dispersos. Visualízate como se supone que hubieras sido: en plenitud absoluta.

Y ahora que tu imaginación está calentando, imagínate esta tierra tal como se suponía que fuera: en absoluta calma. «El lobo vivirá con el cordero, el leopardo se echará con el cabrito, y juntos andarán el ternero y el cachorro de león, y un niño pequeño los guiará» (Isaías 11.6). Los leones no rugirán. Los osos no mutilarán. Nada, nadie, se rebelará. Habrá calma en la próxima era porque agradece a Dios.

«Ya no habrá maldición» (Apocalipsis 22.3). Ya no habrá luchas con la tierra. Ya no habrá vergüenza ante Dios. Ya no habrá tensión entre la gente. Ya no habrá muerte. Ya no habrá maldición. Al eliminar la maldición, la gente y el universo de Dios regresarán a su estado previsto. Satanás, el tentador, será lanzado «al fuego eterno preparado para el diablo y sus ángeles» (Mateo 25.41).

En ese momento, «la muerte ha sido devorada por la victoria» (1 Corintios 15.54).

Convierte esta promesa en uno de los bloques de tu fundamento. Mira la muerte a través del lente de la resurrección de Cristo. Sin duda, la tumba trae tristeza. Pero no tiene por qué traer desesperación. La tumba no pudo contener a Cristo, y como Cristo está en ti, no estarás mucho tiempo en tu tumba. «Según su promesa, esperamos un cielo nuevo y una tierra nueva, en los que habite la justicia» (2 Pedro 3.13).

Esta es la promesa de Dios. Él reclamará su creación. Él es un Dios de restauración, no de destrucción. Es un Dios de *renovación*, *redención*, *regeneración*, *resurrección*. A Dios le encanta *rehacer* y *restaurar*.

Él anunció: «¡Yo hago nuevas todas las cosas!» (Apocalipsis 21.5). Todo es nuevo. Lo viejo desaparecerá. Adiós a las salas de espera en el hospital. Adiós a los papeles de divorcio manchados con lágrimas. Adiós a los ultrasonidos inactivos. Adiós a la soledad, a los avisos de embargo y al maltrato. Adiós al cáncer. Dios tomará posesión de cada átomo, emoción, insecto, animal y galaxia. Reclamará cada cuerpo enfermo y cada mente atribulada. *¡Yo hago nuevas todas las cosas!*

En la película *Mejor... imposible*, Jack Nicholson interpreta a un escritor cascarrabias que vive en la ciudad de Nueva York y que le contesta con brusquedad a cualquier cosa que se mueva. Es rico, solitario, amargado y miedoso. Tiene tantas fobias como el Amazonas pirañas y le causan muchos problemas. Tiene miedo a pararse en las fisuras de la acera, de usar dos veces la misma barra de jabón y de darle la mano a la gente. Siempre come en el mismo restaurante, en la misma mesa y le pide la misma comida a la misma mesera.

Hubo un momento en que su neurosis llega al límite y él visita a su psicoanalista. Cuando ve la sala de espera llena de pacientes, suspira. Esquiva el contacto físico pero no puede evitar el efecto del variado grupo de personas miserables. Y pregunta: «¿Es esto lo mejor?».

Muchas personas suponen que así es. Piensan erróneamente que su momento más tierno, su alegría más profunda y su experiencia más significativa ocurren en algún punto entre la sala de parto y la funeraria. Alguien necesita decirles que eso es solo el comienzo. ¿Es esto lo mejor? Para los cristianos, este mundo es lo peor.

¿Puedo pedirte, rogarte, implorarte encarecidamente que afirmes tu corazón en esta esperanza? «Ya que estamos recibiendo un reino inconmovible» (Hebreos 12.28, NTV), podemos tener una esperanza que no será conmovida. Fija tu corazón y tus ojos en esto.

Por tanto, no desmayamos; antes aunque este nuestro hombre exterior se va desgastando, el interior no obstante se renueva de día en día. Porque esta leve tribulación momentánea produce en nosotros un cada vez más excelente y eterno peso de gloria; no mirando nosotros las cosas que se ven, sino las que no se ven; pues las cosas que se ven son temporales, pero las que no se ven son eternas (2 Corintios 4.16-18, RVR60).

La palabra que se usa para «mirando» es *skopeó*, el bisabuelo del sufijo en español *scopio*. ¿Qué ocurre cuando miras por un telescopio?

Tu mirada se fija solo en un objeto. Alza tus ojos y mira, largo y tendido, al cielo prometido.

Permite que esta esperanza para el mañana te dé las fuerzas para hoy. ¡Tu mejor momento será tu momento final! Ya sé, la mayoría de la gente dice lo contrario. La muerte debe ser evitada, pospuesta e ignorada. Sin embargo, ellos no tienen lo que tú tienes. El Dios vivo te ha hecho una promesa. ¡Tu muerte será devorada por la victoria! Jesucristo resucitó de los muertos no solo para mostrar su poder, sino también para revelar tu camino. Él te guiará por el valle de la muerte.

Hace unas semanas estuve una hora en la oficina del director de un cementerio. La llegada de otro cumpleaños me recordó que el día de mi partida está cada vez más cerca. Me pareció correcto hacer los preparativos de mi entierro. Aunque después no me pareció tan correcto. (¡Especialmente cuando me habló del costo de los terrenos!).

Mientras el caballero me mostraba el mapa del cementerio y de las secciones disponibles, tuve una idea. «Posiblemente usted piense que estoy loco», le dije, «pero, ¿puedo grabar un mensaje para mi lápida? Algo así como un correo de voz para la tumba».

Por cortesía, no me llamó loco y prometió verificar el pedido. En unos días recibí las buenas noticias. «Sí, es posible. Se puede "encerrar" en la lápida un mensaje grabado. Cuando apriete el botón, se puede emitir el mensaje».

Le di las gracias y puse manos a la obra. En unos minutos había escrito mi mensaje. Todavía no lo he grabado. Quizás pueda probarlo contigo primero.

En la lápida de granito habrá un botón y una invitación: «Presione para escuchar unas palabras de parte de Max». Si lo haces, escucharás esto.

> Gracias por pasar por aquí. Lamento que no me hayas encontrado. No estoy aquí. Estoy en casa. Al fin en casa. En un momento dado mi Rey llamará y esta sepultura quedará expuesta como la tumba pasajera que es. Quizás quieras hacerte a un lado en caso de que ocurra mientras estás aquí. Una vez más, aprecio tu visita. Espero que hayas hecho planes para tu partida. Mis mejores deseos, Max.

Bueno, todavía necesita algunas correcciones. Aunque las palabras puedan cambiar, la promesa jamás cambiará: «La muerte ha sido devorada por la victoria» (1 Corintios 15.54).

CAPÍTULO 11

La alegría llegará pronto

LA PROMESA DE DIOS

El llanto podrá durar toda la noche, pero
con la mañana llega la alegría.

—Salmos 30.5, NTV

Amanda Todd fue la adolescente canadiense que se convirtió en portavoz involuntaria de la desesperanza a los quince años, después que un depredador la convenció para que posara para una foto con el busto al descubierto. Luego la chantajeó con amenazas de hacer circular la foto si no revelaba más, pero la publicó de todas maneras. La humillación llovió sobre ella como un aguacero de verano. Desde el pasillo de la escuela secundaria hasta la autopista de la Internet, se convirtió en el hazmerreír de su círculo.

Ya era una muchacha frágil e introvertida, así que se aisló todavía más. Evadía a sus amigas y se quedaba encerrada en su casa. Aun así, no podía escapar de los mensajes de texto, las llamadas y las miradas. La familia la cambió de escuela, pero la burla la perseguía. Por tres años fue acechada e insultada. Comenzó a usar drogas y alcohol. Se mutilaba. Se escondía en su habitación. Ingirió cloro y trató de quitarse la vida. Finalmente, en un acto de desesperación, publicó un video de nueve minutos en YouTube. Escribió en unas tarjetas una canción hipócritamente sentimental para describir sus meses de horror: la vergüenza que había traído a su familia, el dolor que se había causado a ella misma. La imagen del video muestra solo la parte inferior de su rostro y los mensajes escritos.

No tengo a nadie.

Necesito a alguien.

Mi nombre es Amanda Todd.

Un mes después de publicar el vídeo, intentó suicidarse otra vez. Esa vez lo logró.[1]

Si la esperanza fuera una nube de lluvia, Amanda Todd habría vivido en el desierto de Sahara. Buscó en el cielo una razón para vivir y no encontró ninguna. ¿Tiene Dios alguna promesa para alguien como ella?

Más vale. Cualquiera puede dictar una charla motivadora, pero si Dios es quien dice ser, mejor es que tenga una palabra para los abatidos. Los manuales de autoayuda tal vez te sirvan cuando estés de malhumor o estés pasando una mala racha. Pero ¿y qué de una niñez plagada de violencia o años con dolor crónico o ridículo público? ¿Tiene Dios alguna palabra para las noches oscuras del alma?

Sí la tiene. La promesa comienza con esta frase: «El llanto podrá durar toda la noche» (Salmos 30.5, NTV).

Pero claro, eso ya lo sabías. No tenías que leer el versículo para conocer su verdad. El llanto puede durar toda la noche. Solo pregúntale a la viuda en el cementerio o a la mamá en la sala de emergencias. El hombre que perdió su empleo puede decirte. Y también el adolescente que perdió su rumbo. El llanto puede durar toda la noche, y la noche siguiente, y la otra.

Esto no es una noticia nueva para ti.

Pero esto tal vez sí: «Pero con la mañana llega la alegría» (Salmos 30.5, NTV). La desesperanza no será nuestro pan de cada día. La tristeza no durará para siempre. Las nubes podrán eclipsar el sol, pero no pueden eliminarlo. La noche podrá retrasar el amanecer, pero no puede evitarlo. La mañana llega. No tan rápido como queremos. No tan dramáticamente como deseamos. Pero la mañana llega y con ella llega la alegría.

¿Necesitas esta promesa? ¿Has llorado como un río? ¿Has renunciado a la esperanza? ¿Te preguntas si una mañana hará que esta noche termine en algún momento? A María Magdalena le pasó.

En el bosque del Nuevo Testamento, ella es el sauce llorón. Es sobre ella que la tragedia lanza su invierno más frío. Antes de conocer a Jesús, tenía siete demonios (Lucas 8.2). Era prisionera de siete enfermedades. ¿Qué podría incluir esta lista? ¿Depresión? ¿Soledad? ¿Vergüenza? ¿Miedo? Es posible que fuera una ermitaña o una prostituta. Quizás haya sido maltratada, abandonada. A veces se usa el número siete en la Biblia para describir la plenitud. Podría ser que María Magdalena estuviera plenamente consumida por los problemas.

Pero entonces algo ocurrió. Jesús entró en su mundo. Él habló y los demonios huyeron. Por primera vez en mucho tiempo, las fuerzas opresoras desaparecieron. Fueron expulsadas. Desalojadas. María Magdalena podía dormir bien, comer lo suficiente y sonreír otra vez. El rostro en el espejo no estaba angustiado.

Jesús devolvió la vida a su vida.

Ella lo reciprocó. Era una de las seguidoras femeninas «que contribuían con sus propios recursos al sostén de Jesús y sus discípulos» (Lucas 8.3, NTV). Adondequiera que Jesús iba, María Magdalena lo seguía. Lo escuchó enseñar. Lo vio hacer milagros. Ayudó a pagar sus gastos. Quizás hasta haya cocinado sus comidas. Ella siempre estaba cerca de Cristo.

Aun en su crucifixión. Ella se paró «junto a la cruz» (Juan 19.25).

Cuando martillaron los clavos en sus manos, ella oyó el martillo. Cuando le abrieron el costado con una lanza, ella vio la sangre. Cuando bajaron el cuerpo de la cruz, ella estaba allí para prepararlo para el entierro.

El viernes, María Magdalena vio a Jesús morir.

El sábado guardó un día de reposo muy triste.

Cuando llegó el domingo, María Magdalena fue a la tumba para terminar la tarea que había comenzado el viernes. «El primer día de la semana, muy de mañana, cuando todavía estaba oscuro, María Magdalena fue al sepulcro» (Juan 20.1). Ella no sabía nada de la tumba vacía. Su único propósito era limpiar de su barba los coágulos de sangre restantes y decirle adiós.

Era una mañana oscura.

Cuando llegó a la tumba, las malas noticias empeoraron. María Magdalena «vio que habían quitado la piedra que cubría la entrada» (v. 1). Supuso que algunos saqueadores de tumbas se habían robado el cuerpo, así que regresó corriendo por el mismo camino que había llegado hasta que encontró a Pedro y a Juan. «¡Sacaron de la tumba el cuerpo del Señor» (v. 2, NTV), les dijo.

Pedro y Juan corrieron hasta el sepulcro. Juan era más rápido, pero Pedro fue más atrevido. Él entró al sepulcro. Juan lo siguió. Pedro vio el lugar vacío y se quedó mirando. Pero Juan vio el lugar vacío y creyó. Toda la evidencia cobró sentido para él: las profecías de la resurrección, la piedra removida, las vendas, el sudario enrollado en un lugar aparte. Juan sacó la cuenta. Nadie se llevó el cuerpo de Jesús. Nadie robó el sepulcro. Jesús resucitó de los muertos. Juan miró y creyó. La Pascua de resurrección tenía su primer celebrante.

Pedro y Juan se apresuraron para contarles a los demás. Esperaríamos que el lente de la cámara del evangelio los siguiera a ellos. Después de todo, son los apóstoles, los futuros escritores de las epístolas. Ellos comprenden dos terceras partes del círculo íntimo. Esperaríamos que Juan describiera lo que los apóstoles hicieron después. Pero no lo hace. Juan cuenta la historia de la que se quedó atrás.

«Pero María se quedó afuera, llorando junto al sepulcro» (v. 11).

Su rostro estaba bañado en lágrimas. Sus hombros subían y bajaban a causa de los sollozos. Se sentía completamente sola. Eran solo María Magdalena, su desesperanza y una tumba vacía. «Mientras lloraba, se inclinó para mirar dentro del sepulcro; y vio a dos ángeles con vestiduras blancas, que estaban sentados el uno a la cabecera, y el otro a los pies, donde el cuerpo de Jesús había sido puesto. Y le dijeron: Mujer, ¿por qué lloras?» (vv. 11-13, RVR60)

María Magdalena confundió a los ángeles con hombres. Es fácil imaginar la razón. Todavía estaba oscuro afuera, y aún más en la tumba. Sus ojos estaban llenos de lágrimas. No tenía ninguna razón para pensar que encontraría ángeles en el sepulcro. ¿Saqueadores de tumbas? Tal vez. ¿Cuidadores? Posiblemente. Pero su domingo estaba demasiado oscuro como para esperar la presencia de ángeles. «Es que se han llevado a mi Señor, y no sé dónde lo han puesto» (v. 13).

El mundo de María oficialmente había tocado fondo. Su maestro, asesinado. Su cuerpo, sepultado en una tumba prestada. Su tumba, saqueada. Su cuerpo, robado. Ahora dos extraños estaban sentados donde había estado el cuerpo de Jesús. La tristeza se mezcló con el coraje.

¿Has vivido alguna vez un momento como ese? ¿Un momento en el que las malas noticias empeoraron? ¿Cuando la tristeza te arropó como neblina? ¿En el que llegaste buscando a Dios pero no pudiste encontrarlo?

Tal vez la historia de María Magdalena sea la tuya. Si es así, te encantará lo que pasó después. En medio del momento más oscuro de María, el Hijo se presentó.

> Cuando había dicho esto, se volvió, y vio a Jesús que estaba allí; mas no sabía que era Jesús. Jesús le dijo: Mujer, ¿por qué lloras? ¿A quién buscas? Ella, pensando que era el hortelano, le dijo: Señor, si tú lo has llevado, dime dónde lo has puesto, y yo lo llevaré (vv. 14, 15, RVR60).

Ella no reconoció a su Señor. Así que Jesús hizo algo al respecto. La llamó por su nombre. «Jesús le dijo: ¡María!» (v. 16, RVR60).

Tal vez fue la manera en que lo dijo. La inflexión. El tono. El acento galileo. Quizás haya sido el recuerdo asociado con el momento en que escuchó por primera vez a alguien pronunciar su nombre sin perversión ni planes sospechosos.

«María».

Cuando lo escuchó decir su nombre, reconoció la fuente. «Volviéndose ella, le dijo: ¡Raboni! (que quiere decir, Maestro)» (v. 16, RVR60). En un segundo. Con un giro del cuello. En el tiempo que le tomó volver su rostro de aquí para allá, su mundo pasó de un Jesús muerto a uno vivo. El llanto podrá durar toda la noche, pero la alegría...

Ella lo tocó. Sabemos que es así por las palabras que Jesús le dijo después: «No te aferres a mí [...] porque aún no he subido a mi Padre» (v. 17, NTV).

Quizás se arrojó a sus pies y sujetó sus tobillos.

Tal vez lo rodeó con sus brazos y lo acercó a ella.

No sabemos cómo lo tocó. Simplemente sabemos que lo hizo.

Y Jesús se lo permitió. Aun cuando el gesto duró solo un momento, Jesús lo permitió. ¡Qué maravilloso que el Señor resucitado no fue tan santo, tan ajeno, tan divino, tan sobrenatural como para ser tocado!

Este momento representa un papel sagrado en la historia de la resurrección. Nos recuerda, de inmediato, que Jesús es el Rey triunfante y el Buen Pastor. Él tiene poder sobre la muerte. Pero también siente una inclinación especial por las María Magdalenas del mundo. El héroe majestuoso es implacablemente tierno.

Me encantaría pintar esta escena. Reproducirla en un óleo sobre lienzo y enmarcarla. El resplandor dorado del amanecer. La tumba abierta. Los ángeles observando a la distancia. El Mesías con su manto blanco. María llena de alegría. Sus manos extendidas hacia Jesús. La mirada de él sobre ella. Si eres un artista y la pintas, por favor incluye el reflejo del amanecer en las lágrimas de María. Y, por supuesto, pinta una sonrisa amplia en el rostro de Jesús.

Luego, «fue [...] María Magdalena para dar a los discípulos las nuevas de que había visto al Señor, y que él le había dicho estas cosas» (v. 18, RVR60). ¡Le dijo a ella! Entre todas las personas con las que pudo haber hablado, Jesús habló primero con ella. Jesús sencillamente arrancó las puertas del infierno de sus bisagras. Le sacó los colmillos a Satanás. ¡Jesús acaba de transformar A. C. en A. D.! Jesús era el incuestionable Rey del universo. Diez mil ángeles estaban absortos y listos para servir. ¿Y cuál fue su primer acto? ¿A quién se dirigió? A María, a la mujer desconsolada y angustiada que una vez tuvo siete demonios.

¿Por qué? ¿Por qué ella? Por lo que sabemos, no se convirtió en misionera. Ninguna epístola lleva su nombre. Ninguna historia en el Nuevo Testamento describe su obra. ¿Por qué Jesús creó este momento para María Magdalena? Quizás para darles este mensaje a todos los afligidos: «El llanto podrá durar toda la noche, pero con la mañana llega la alegría» (Salmos 30.5, NTV).

La alegría llega.

La alegría llega porque Jesús llega. Y si no reconocemos su rostro, Él nos llamará por nuestros nombres. «Mira, he escrito tu nombre en las palmas de mis manos» (Isaías 49.16, NTV).

Tu nombre no está perdido en un expediente celestial. Dios no necesita una etiqueta con tu nombre para recordar quién eres. Tu nombre está tatuado, grabado, en su mano. Él tiene más pensamientos sobre ti que los granos de arena que tiene la costa del Pacífico.

Eres todo para Dios.

Leí una historia sobre un sacerdote de Detroit que viajó a Irlanda para visitar a unos familiares. Un día, estaba caminando por la orilla del lago Killarney con su tío. Vieron la salida del sol y por veinte minutos los dos hombres apenas hablaron. Cuando comenzaron a caminar otra vez, el sacerdote notó que su tío estaba sonriendo.

—Tío Seamus —dijo—, te ves muy contento.

—Lo estoy.

—¿Por qué?

—El Padre de Jesús me quiere mucho.[2]

Y también a ti, querido amigo.

¿Te cuesta trabajo creerlo? ¿Crees que le estoy hablando a otra persona? ¿A alguien que sea más santo, mejor o más simpático? ¿A alguien que no haya fallado en su matrimonio o que no haya cometido un error en su carrera? ¿A alguien que no se haya convertido en adicto a las píldoras, a la pornografía o a la popularidad?

No es así. Te estoy hablando directamente a ti.

Estoy diciendo que la mejor noticia en el mundo no es que Dios lo haya creado, sino que Dios ama al mundo. Que te ama. Que no te ganaste su amor. Que su amor por ti no se acabará si pierdes los estribos. Su amor por ti no se apagará si pierdes tu rumbo. Su amor por ti no disminuirá si tu disciplina disminuye.

No has vivido ni un solo día sin ser amado.

Alguien te dijo que Dios ama a la gente buena. Error. No hay gente buena.

Alguien te dijo que Dios te ama si tú lo amas primero. Error. Él ama a personas que nunca han pensado en Él.

Alguien te dijo que Dios siempre está enojado, es un gruñón y es vengativo. Error. Nosotros tendemos a estar siempre enojados, a ser gruñones y vengativos. ¿Pero Dios?

> Dios es muy tierno y bondadoso;
> no se enoja fácilmente,
> y es muy grande su amor.
> No nos reprende todo el tiempo
> ni nos guarda rencor para siempre.
> No nos castigó como merecían
> nuestros pecados y maldades.
> Su amor por quienes lo honran
> es tan grande e inmenso
> como grande es el universo.

> Apartó de nosotros
>> los pecados que cometimos
>> del mismo modo que apartó
>> los extremos de la tierra.
> Con quienes lo honran,
> Dios es tan tierno
>> como un padre con sus hijos (Salmos 103.8-13, TLA).

Dios te ama, y como lo hace, puedes estar seguro de que la alegría llegará.

Mary Cushman descubrió esa verdad.[3] La Depresión de los años treinta había devastado a su familia. El pago de nómina promedio de su esposo se redujo a dieciocho dólares semanales. Como él era propenso a enfermarse, hubo muchas semanas en las que ni siquiera se ganaba eso.

Ella comenzó a lavar y a planchar para otras personas. Vestía a sus cinco hijos con ropa del Ejército de Salvación. Un día, el dueño del supermercado local, a quien le debía cincuenta dólares, acusó de robo a su hijo de once años.

Esa fue la gota que desbordó su copa. Ella cuenta:

No veía ninguna esperanza... Apagué la lavadora, llevé a mi hijita de cinco años al dormitorio, sellé las ventanas y las grietas con papel y trapos... Abrí la llave del calentador de gas que teníamos en la habitación... y no lo encendí. Mientras me recostaba con mi hija a mi lado, ella me dijo: «Mamá, qué gracioso, ¡hace poco que nos levantamos!». Pero le dije: «No importa, vamos a tomar una siesta». Luego cerré mis ojos, mientras escuchaba cómo salía el gas del calentador. Nunca olvidaré el olor de aquel gas...

De pronto, pensé que estaba escuchando música. Escuché con atención. Se me había olvidado apagar el radio que estaba en la cocina. Ya no importaba. Pero la música continuó y de pronto escuché a alguien cantando un viejo himno:

¡Oh, qué amigo nos es Cristo!
Él llevó nuestro dolor,
Y nos manda que llevemos
Todo a Dios en oración.
¿Vive el hombre desprovisto
De paz, gozo y santo amor?
Esto es porque no llevamos
Todo a Dios en oración.

Mientras escuchaba aquel himno, me di cuenta de que había cometido un grave error. Había tratado de pelear sola todas mis terribles luchas... Salté de la cama, cerré la llave de gas, abrí la puerta y subí las ventanas.

Ella explica cómo pasó el resto del día dando gracias a Dios por las bendiciones que había olvidado: cinco hijos saludables. Prometió que nunca más sería malagradecida. A la larga, perdieron su casa, pero nunca perdió su esperanza. La familia sobrevivió la Depresión. Aquellos cinco hijos crecieron, se casaron y tuvieron sus propios hijos.

Cuando reflexiono en el pasado, en aquel día terrible cuando abrí la llave del gas, le doy gracias a Dios una y otra vez porque «desperté» a tiempo. ¡Cuántas alegrías no habría disfrutado!...

¡Cuántos años maravillosos habría perdido para siempre! Ahora, cada vez que escucho sobre alguien que quiere terminar con su vida, siento el deseo de gritarle: «¡No lo hagas! ¡No lo hagas!». Los momentos más negros que vivimos solo pueden durar un corto tiempo... luego llega el futuro.[4]

La alegría llega. Mantente alerta. Espérala como al amanecer cada mañana o al crepúsculo al atardecer. Llegó para María Magdalena. Llegó para Mary Cushman. Y llegará para ti, querido amigo.

Haz lo que hace la gente de la promesa. Sigue dirigiéndote a Jesús. Aunque el camino esté oscuro. Aunque parezca que el sol duerme. Aunque todo el mundo esté en silencio, camina hacia Jesús. María Magdalena lo hizo. No, ella no comprendía la promesa de Jesús. Ella fue buscando a un Jesús muerto, no a uno vivo. Pero al menos fue. Y como ella fue hacia Él, Él se acercó a ella.

¿Y tú? Serás tentado a rendirte y a irte. No lo hagas. Aun cuando no sientas el deseo, sigue caminando hacia la tumba vacía. Abre tu Biblia. Medita en las Escrituras. Canta himnos. Habla con otros creyentes. Quédate en un lugar donde Jesús pueda encontrarte y escucha detenidamente. Es muy posible que ese hortelano sea tu Redentor.

El llanto llega. Nos llega a todos. La angustia nos deja con rastros de lágrimas en el rostro y con corazones afligidos. El llanto llega. Pero también la alegría. La oscuridad llega, pero también la mañana. La tristeza llega, pero también la esperanza. La tristeza tal vez nos robe la noche, pero no puede robarnos la vida.

CAPÍTULO 12

Recibirás poder

LA PROMESA DE DIOS

Cuando venga el Espíritu Santo
sobre ustedes, recibirán poder.

—Hechos 1.8

Tengo una ganga que me gustaría que consideraras; una tremenda oferta, un trípode nuevo. Es de excelente calidad, resistente a la intemperie y liviano. Puedes doblarlo para que quepa en una mochila. Se ajusta para asegurar cualquier tipo de cámara. Este trípode es un tesoro que pueden heredar los futuros fotógrafos en tu familia. ¿Estás interesado? Lo estoy ofreciendo en una tercera parte del precio normal. Me parece justo que lo haga, ya que a este trípode le falta una tercera parte de sus patas. Sí, es un trípode con dos patas. Imagínate la conveniencia de tener una pata menos a la hora de doblarlo y empacarlo. ¡Por eso es tan liviano! Además, ¿quién necesita las tres patas?

¿Qué me dices? ¿Las necesitas? ¿No estás convencido de su valor? ¿Mejor esperas por un trípode con tres patas?

Listo. Entonces pasemos a la segunda ganga: un triciclo. Solo piensa en la alegría que tu pequeñín sentirá corriendo de arriba a abajo por la acera en este espectacular triciclo. Es rojo, como un camión de bomberos. Le cuelgan borlas del manubrio. Y, oye esto, al frente también tiene una campanita. Otra vez, una excelente ganga. Lo estoy ofreciendo a una tercera parte del precio original. ¡Con estos ahorros puedes llevar a cenar a toda la familia! Ahora bien, el único detallito es que le falta una rueda. Pero todavía le quedan dos. A la larga, el pequeño Juan necesitará aprender a correr en dos ruedas. Lo mejor es que empiece ahora. Cómprale este triciclo con dos ruedas.

Me estás mirando raro otra vez. Estás volteando los ojos como hace Denalyn. Ahora estás suspirando. Oye, no te vayas. De acuerdo. El trípode con dos patas no sirve. El triciclo con dos ruedas no cumple con tus expectativas. Pero tengo una ganga más que me gustaría que consideraras.

¿Has visto un prisma alguna vez? Nada reproduce el resplandor del sol como un prisma triangular. Pasarás horas absorto con las refracciones de este instrumento sencillo. Entretén a los chicos. Impresiona a tu pareja. Recibe una buena calificación en la clase de ciencias. Ninguna casa está completa sin un prisma triangular. Este es particularmente apropiado para un cliente que cuida su presupuesto. Un leve defecto de fábrica dejó opaco uno de los lados del triángulo. Ten en cuenta que los otros dos lados funcionan bien. Pero una tercera parte resiste la luz en vez de refractarla. De acuerdo, el defecto es una ligera desventaja, pero, por otro lado, ¿quién más en tu cuadra es dueño de un prisma con dos lados? Y claro está, reduciré el precio en una tercera parte para compensar por el defecto.

No te apresures a decir que no. Piénsalo bien. Una rebaja de una tercera parte del precio por un trípode que le falta una pata, por un triciclo que le falta una rueda o un prisma que le falta un lado. ¿No ves el valor en esto?

Seguro que no, y no te culpo. ¿Quién se conforma con dos terceras partes cuando puede tener algo completo?

Muchos cristianos lo hacen. Pídele a un creyente que te conteste la pregunta: «¿Quién es Dios el Padre?». Tiene una respuesta. O, «Describe a Dios el Hijo». No va a titubear. Pero si quieres ver a los creyentes haciendo ejem, ah y rebuscando palabras, pregúntales: «¿Quién es el Espíritu Santo?».

Muchos creyentes se conforman con dos terceras partes de Dios. Se apoyan en el Padre y en el Hijo, pero pasan por alto al Espíritu Santo. No cometerías ese error con un trípode, un triciclo o un prisma. Sin duda, no quieres cometer ese error con la Trinidad. Tu Biblia se refiere más de cien veces al Espíritu Santo. Jesús dice más sobre el Espíritu Santo que sobre la iglesia o el matrimonio. De hecho, en la víspera de su muerte, mientras preparaba a sus seguidores para enfrentarse el futuro sin Él, hizo esta maravillosa y preciada promesa: «Pero, cuando venga el Espíritu Santo sobre ustedes, recibirán poder» (Hechos 1.8).

Piensa en todas las promesas que Jesús pudo haberles hecho a los discípulos, pero que no hizo. Él no prometió éxito inmediato. No prometió la ausencia de enfermedades y pruebas. Nunca garantizó un nivel de ingresos o popularidad. Pero sí prometió la presencia perpetua y poderosa del Espíritu Santo. El Espíritu Santo es vital para la vida del cristiano. Todo lo que ocurre desde el libro de Hechos hasta el final del libro de Apocalipsis es el resultado de la obra del Espíritu Santo de Cristo. El Espíritu vino a los discípulos, moró en ellos y le dio a la iglesia primitiva el empujón que necesitaba para enfrentar los retos por delante.

Quizás podrías usar un empujón.

Hace algunos años, cuando mis piernas eran más fuertes, mi estómago más plano y mi ego más grande, dejé que mi amigo Pat me convenciera de inscribirme en una carrera de bicicletas. Y no cualquier carrera, sino una que incluía un ascenso de dos kilómetros, con una pendiente de doce por ciento. En otras palabras, este era un segmento de la carrera difícil, del tipo «no te sientes en el sillín», «tus caderas van a estar al rojo vivo» y «prepárate para jadear por diez minutos». La llamaban la «cuesta asesina» y honraba su nombre.

Conocía su reputación. Pero aun así, me inscribí porque Pat, mi compañero ciclista, me dijo que podría hacerlo. Para Pat era fácil decirlo. Él es quince años menor que yo y ha competido desde sus días en la primaria. Él corría en pelotones antes que la mayoría de nosotros supiera lo que eran. Cuando puse en duda la idea de terminar la carrera, él me aseguró: «Créeme, Max. La vas a terminar».

Casi no lo hice.

Con rapidez, los ciclistas que merecían estar allí dejaron bien atrás a los estábamos fuera de lugar. Nosotros, los rezagados barrigones, hacíamos bromas sobre la cuesta que se avecinaba. Pero no bromeamos por mucho tiempo. Necesitas aire para hablar. Muy pronto necesitamos todo el aire que podíamos respirar para ascender. Apreté el paso, me quejé y jadeé, y casi en ese punto comenzó el ascenso. Cuando llegué a la mitad, mis caderas estaban ardiendo y tenía pensamientos muy poco agradables sobre mi amigo Patrick.

Fue entonces cuando sentí el empujón. Una mano estaba presionando la parte baja de mi espalda. Me volteé y miré. ¡Era Pat! Él ya había terminado la carrera. Pero, como anticipaba mi agotamiento absoluto, se había apresurado para ascender la colina, se bajó de su bicicleta y corrió a prisa para darme una mano. Literalmente. ¡Pat comenzó a empujarme cuesta arriba! (El que pudiera mantener mi paso te dice lo lento que yo estaba pedaleando). «Te dije que terminarías», me gritó. «Vine para asegurarme de que lo hicieras».

El Espíritu Santo promete hacer lo mismo. Antes que Jesús ascendiera al cielo, el Espíritu Santo se convirtió en el primer agente de la Trinidad en la tierra. Él terminará lo que el Padre y el Hijo comenzaron. Aunque las tres expresiones de la Divinidad están activas, el Espíritu está asumiendo el liderazgo en esta, la era final. El Espíritu promete darnos poder, unidad, supervisión y santidad. ¿Necesitas un empujón?

Él promete *poder* para los santos. Él es la fuerza alentadora detrás de la creación.

> Todos ellos esperan de ti
>
> que a su tiempo les des su alimento.
>
> Tú les das, y ellos recogen;
>
> abres la mano, y se colman de bienes.
>
> Si escondes tu rostro, se aterran;
>
> si les quitas el aliento, mueren y vuelven al polvo.
>
> Pero, si envías tu Espíritu, son creados,
>
> y así renuevas la faz de la tierra (Salmos 104.27-30).

Cada flor que se abre es una huella dactilar del Espíritu de Dios. «Si Dios retirara su espíritu y quitara su aliento, todos los seres vivientes dejarían de existir y la humanidad volvería al polvo» (Job 34.14, 15, NTV).

El Espíritu de Dios es la fuerza que da vida a la creación y, más importante aún, es la partera del nuevo nacimiento para el creyente. Dios le dijo a Nicodemo:

> Te digo la verdad, nadie puede entrar en el reino de Dios si no
>
> nace de agua y del Espíritu. El ser humano solo puede reproducir

la vida humana, pero la vida espiritual nace del Espíritu Santo. Así que no te sorprendas cuando digo: «Tienen que nacer de nuevo». El viento sopla hacia donde quiere. De la misma manera que oyes el viento pero no sabes de dónde viene ni adónde va, tampoco puedes explicar cómo las personas nacen del Espíritu (Juan 3.5-8, NTV).

El Espíritu Santo entra en el creyente cuando hace su confesión de fe (Efesios 1.13). De ahí en adelante, los cristianos tienen acceso al poder y a la personalidad de Dios. A medida que el Espíritu actúa en las vidas de los creyentes, ocurre una transformación. Comienzan a pensar como Dios piensa, a amar como Dios ama y a ver como Dios ve. Ministran en poder, oran en poder y caminan en poder.

Este poder incluye los dones del Espíritu. «En cambio, el fruto del Espíritu es amor, alegría, paz, paciencia, amabilidad, bondad, fidelidad, humildad y dominio propio. No hay ley que condene estas cosas» (Gálatas 5.22, 23).

Estos atributos aparecen en la vida de los santos en la misma manera que una manzana aparece en la rama de un árbol de manzana. El fruto ocurre como resultado de la relación. Corta la rama del árbol y olvídate del fruto. Sin embargo, si la rama está unida al tronco, los nutrientes fluyen y obtienes frutos.

Lo mismo ocurre con el fruto del Espíritu Santo. Si nuestra relación con Dios está segura y no está marcada por la rebelión, el pecado o la terquedad, podemos esperar una cosecha de frutos. No necesitamos forzarla. Pero podemos esperarla. Simplemente nos llega para que nos mantengamos conectados.

También disfrutaremos de algunos dones del espíritu: sabiduría, conocimiento, sanidad, profecía y predicación (1 Corintios 12.8-10). Después de listar una muestra de posibles dones, el apóstol Pablo aclaró: «Todo esto lo hace un mismo y único Espíritu, quien reparte a cada uno según él lo determina» (1 Corintios 12.11).

El Espíritu Santo conoce a cada santo y conoce las necesidades de cada iglesia. Él distribuye los dones de acuerdo con lo que la iglesia necesitará en determinada región y época. Cuando los dones están activos, la iglesia tiene el poder para hacer la obra para la que fue llamada. Por esta razón no envidiamos los talentos de otro creyente ni los logros de otra iglesia. ¿Acaso el saxofonista envidia al que toca la tuba? No cuando cada músico está tocando su parte única y está siguiendo la dirección del director de la orquesta. Cuando los miembros de la iglesia hacen lo mismo, el resultado es poder.

Y el resultado es la *unidad*.

El Espíritu Santo de Dios es la mamá gallina con sus alas extendidas que exhorta a la iglesia a mantenerse segura. «Esfuércense por mantener la unidad del Espíritu mediante el vínculo de la paz» (Efesios 4.3). No se les pide a los santos que creen unidad, sino que mantengan la unidad que el Espíritu provee. La armonía siempre es una opción porque el Espíritu siempre está presente. Ya no puedes usar la excusa, «Es que simplemente no puedo trabajar con fulano o mengano». Quizás tú no puedas, pero el Espíritu que mora en ti sí puede.

La confraternidad no siempre es fácil, pero la unidad siempre es posible. Decir lo contrario sería decir que el Espíritu Santo no puede hacer lo que anhela hacer. Cada vez que una iglesia experimenta confraternidad, el Espíritu de Dios debe ser alabado. Cada vez que una iglesia experimenta conflicto o desunión, el Espíritu de Dios debe ser consultado.

> De hecho, aunque el cuerpo es uno solo, tiene muchos miembros, y todos los miembros, no obstante ser muchos, forman un solo cuerpo. Así sucede con Cristo. Todos fuimos bautizados por un solo Espíritu para constituir un solo cuerpo —ya seamos judíos o gentiles, esclavos o libres—, y a todos se nos dio a beber de un mismo Espíritu. Ahora bien, el cuerpo no consta de un solo miembro, sino de muchos. (1 Corintios 12.12–14)

El Espíritu Santo une a la iglesia.

Y el Espíritu Santo *supervisa* a la iglesia.

Conocí a un muchacho que supervisaba un complejo de apartamentos. Cuando le pedí que me describiera su trabajo, me dijo: «Mantengo el lugar funcionando». El Espíritu Santo hace lo mismo y más por la iglesia. ¿Quieres ver su lista de tareas?

- Fortalecer a los creyentes (Hechos 9.31).
- Guiar al creyente a toda verdad (Juan 16.13).
- Anunciar las cosas por venir (Juan 16.13).
- Interceder en oración (Romanos 8.26).
- Asegurarle al santo que es salvo (Gálatas 4.6, 7; Romanos 8.16).
- Dar testimonio de la presencia de Dios con señales y milagros (Hebreos 2.4; 1 Corintios 2.4; Romanos 15.18, 19).

- Crear una atmósfera divina de verdad (Juan 14.16, 17), sabiduría (Deuteronomio 34.9; Isaías 11.2) y libertad (2 Corintios 3.17).

La lista de actividades es variada y maravillosa, pero estaría incompleta sin esta palabra: *santo*.

El Espíritu de Dios también nos hace santos. Después de todo, ¿no es Él el Espíritu *Santo*? Una de sus actividades primordiales es limpiarnos de pecado y santificarnos para la obra santa. Pablo les recordó a los corintios: «Pero ya han sido lavados, ya han sido santificados, ya han sido justificados en el nombre del Señor Jesucristo y por el Espíritu de nuestro Dios» (1 Corintios 6.11).

He visto imágenes de mujeres lavando ropa restregando las prendas de vestir en una tabla de lavar. Es posible que esa sea una buena ilustración de la obra del Espíritu Santo. Él nos restriega hasta que quedemos inmaculados. Por consiguiente, podemos pararnos ante la presencia de Dios.

> Pero, cuando se manifestaron la bondad y el amor de Dios nuestro Salvador, él nos salvó, no por nuestras propias obras de justicia, sino por su misericordia. Nos salvó mediante el lavamiento de la regeneración y de la renovación por el Espíritu Santo, el cual fue derramado abundantemente sobre nosotros por medio de Jesucristo nuestro Salvador. Así lo hizo para que, justificados por su gracia, llegáramos a ser herederos que abrigan la esperanza de recibir la vida eterna (Tito 3.4-7).

Mi historia de ciclista tiene un final maravilloso. Gracias al empujón de Pat, subí la cuesta, disfruté el descenso final y crucé la meta. Claro está, terminé al final del grupo, pero terminé. Imagínate que no hubiera aceptado la ayuda de Pat. Imagínate —Dios nos libre— que hubiera resistido su ayuda. ¿Puedes imaginarte la locura si me hubiera detenido, bajado de la bicicleta y le hubiera dicho: «Puedo hacer esto solo, muchas gracias»? O imagínate que hubiera negado su capacidad para ayudarme. «Esto es demasiado difícil aun para ti, Pat. Nadie puede subir la cuesta asesina». Y lo peor de todo, ¿qué tal si lo hubiera acusado de ser el enemigo? «¡Eres un fraude! ¡Vete de aquí!».

Tener ese tipo de reacción hacia Pat habría sido una estupidez.

Reaccionar al Espíritu de Dios de esa manera también lo sería.

Pablo les preguntó a los gálatas cristianos: «Después de haber comenzado su nueva vida en el Espíritu, ¿por qué ahora tratan de ser perfectos mediante sus propios esfuerzos?» (Gálatas 3.3, NTV). Los cristianos en Éfeso también dependían de la fuerza humana. Pablo les aseguró que habían recibido al Espíritu. «Dios los identificó como suyos al darles el Espíritu Santo, el cual había prometido tiempo atrás» (Efesios 1.13, NTV). Aun así, les había instado a ser «llenos del Espíritu» (Efesios 5.18). Interesante. ¿Puede una persona ser salva y no estar llena del Espíritu Santo? Así ocurrió en Éfeso.

Y en Jerusalén. Cuando los apóstoles le dieron instrucciones a la iglesia para seleccionar diáconos, dijeron: «Hermanos, escojan de entre ustedes a siete hombres de buena reputación, llenos del Espíritu y de sabiduría» (Hechos 6.3). El que tuvieran que elegir a hombres «llenos del Espíritu» sugiere que había hombres a los que les faltaba el Espíritu. Podemos tener el Espíritu pero no permitirle al Espíritu de Dios que nos tenga.

Hace algún tiempo compré un cartucho nuevo para mi impresora. Pero cuando lo usé, no imprimió ni una letra en el papel. Pasó media hora antes que me diera cuenta de que una franja de cinta adhesiva estaba cubriendo la salida del cartucho. Había tinta suficiente, pero hasta que no quitara la cinta adhesiva, no podría imprimir nada.

¿Hay algo en tu vida que necesite ser eliminado? ¿Algo que impida la impresión del Espíritu de Dios? Podemos agraviar al Espíritu con nuestros gritos y nuestra rebelión (Efesios 4.30, 31; Isaías 63.10) o resistir al Espíritu con nuestra desobediencia (Hechos 7.51). Podemos poner a prueba o conspirar contra el Espíritu (Hechos 5.9). Incluso, podemos apagar el Espíritu si menospreciamos las profecías de Dios. «No apaguen el Espíritu, no desprecien las profecías» (1 Tesalonicense 5.19, 20).

¿Puedo hacer algunas preguntas un tanto impertinentes? ¿Estás persistiendo en la obediencia? ¿Te estás negando a perdonar a alguien? ¿Estás albergando odios? ¿Insistes en mantener una relación adúltera? ¿Actividad inmoral? ¿Alguna práctica deshonesta? ¿Estás alimentando tu carne y descuidando tu fe? Si la respuesta es sí, estás apagando el Espíritu en ti.

¿Quieres su poder? ¿Su dirección? ¿Su fuerza? Entonces «dejemos también que el Espíritu nos guíe» (Gálatas 5.25, DHH). Él es el bastonero; nosotros somos la banda. Él es el sargento; nosotros somos el pelotón. Él da instrucciones y dirige; nosotros obedecemos y lo seguimos.

He aquí una señal que me ayuda a mantener el paso con el Espíritu. Sabemos que «el fruto del Espíritu es amor, alegría, paz, paciencia, amabilidad, bondad, fidelidad, humildad y dominio propio» (Gálatas 5.22, 23). Estas emociones son indicadores en nuestro panel de instrumentos espiritual. Cada vez que las sentimos, sabemos que estamos caminando en el Espíritu. Cada vez que nos faltan, sabemos que no estamos en sintonía con el Espíritu.

Hace poco sentí su tirón correctivo. Me encontré con un amigo en una tienda del vecindario. Tengo que mencionar que mi mente estaba en el candente tema político de la inmigración. Estaba escuchando la radio mientras hacía las compras. En todos los programas había mucha gente dando su opinión sobre un fallo de la corte federal sobre política fronteriza.

Todo lo que quería era un café y un taco para desayunar. El Espíritu Santo me dio más de lo que pedí. Me alegré de ver a mi amigo, darle la mano y preguntarle sobre su vida. Él es un tipo alegre, siempre listo para una broma o una carcajada. Hoy no veía ninguna. Estaba serio. No me dijo por qué y yo no pregunté, pero entonces el Espíritu Santo me dio un... ¿Cuál es la palabra? *Empujón*.

Ya había cruzado la puerta, tenía el café en una mano, las llaves del auto en la otra, cuando de pronto pensé en su esposa. De alguna manera sabía que era indocumentada. Cómo sabía, no recuerdo, pero lo sabía. Y supe que necesitaba hablar con él.

Pero no quería hacerlo. Por un lado, tenía un día ajetreado por delante. Por el otro, no sabía qué decirle. Además, ¿qué tal si no quería hablar? ¿Y qué si el asunto era personal? ¿Qué tal si descubría algo que realmente no quería saber? Tenía mis razones, pero el Espíritu Santo no me estaba pidiendo mi opinión. El aviso era tan fuerte que ignorarlo sería desobedecer.

Él todavía estaba en la tienda, así que entré otra vez.

—Eh, umm... estaba pensando. Todo esto que se está discutiendo sobre inmigración... ¿ustedes están bien?

En un momento se le aguaron los ojos. Miró alrededor para ver si alguien estaba mirando o escuchando.

—¿Por qué me preguntas?

—Solo por curiosidad.

—En realidad —me dijo—, estamos en un pequeño problema.

Le habían dicho que mantuviera a su esposa dentro de la casa para que no la detuvieran en la calle y la deportaran a México. Un abogado de inmigración lo estaba presionando para que hiciera algo rápido. Tenía poco dinero, ninguna opción y estaba cada vez más convencido de que el mundo estaba contra él.

Pues resulta que yo tenía algunas ideas. Para la semana siguiente tenía un abogado honesto, recursos para pagar la factura y una razón para dormir bien en la noche. Todo porque el Espíritu Santo me dio un empujón.

No sé exactamente cómo hace Dios ese trabajo. No nos dan a conocer la secuencia, el horario ni el paso. Lo que sabemos es esto: «Dios trabaja en ustedes y les da el deseo y el poder para que hagan lo que a él le agrada» (Filipenses 2.13, NTV). La misma mano que movió la piedra de la tumba puede echar a un lado tus dudas. El mismo poder que despertó el corazón inmóvil de Cristo puede despertar tu fe vacilante. La misma fuerza que hizo que Satanás pusiera sus pies en polvorosa derrotará a Satanás en tu vida.

Que tu meta sea sentir, ver y escuchar al Espíritu de Dios. ¿Usarías un trípode con dos patas? ¿Un triciclo con dos ruedas? ¡Claro que no! Aprovecha todo lo que Dios tiene que ofrecer. Enfoca tu corazón en esta promesa: «Cuando venga el Espíritu Santo sobre ustedes, recibirán poder» (Hechos 1.8).

CAPÍTULO 13

La justicia prevalecerá

LA PROMESA DE DIOS

Él ha fijado un día en que juzgará
al mundo con justicia.

—Hechos 17.31

El 14 de diciembre del 2012, Daniel Barden —de siete años— se levantó temprano. El cielo oscuro sobre su casa en Newtown, Connecticut, estaba cambiando a rojo y anaranjado. Las luces navideñas iluminaban los techos de las casas en el vecindario.

«¡Qué lindo!, ¿cierto?», le preguntó a su papá, que tomó una foto de la escena. La mañana estuvo llena de instantes tiernos. En cierto momento, Daniel salió de la casa corriendo, en pijamas y pantuflas, para abrazar y besar a su hermano antes que se fuera a la escuela. Se aseguró de abrazar a su hermana, Natalie, antes que se fuera. Él y su papá tocaron «Jingle Bells» en el piano. Más tarde, Daniel bajó las escaleras a toda prisa, con el cepillo de dientes en la boca, para no dejar pasar la oportunidad de decirle adiós a su mamá antes que ella saliera al trabajo. En general, una mañana feliz y despreocupada.

Nadie habría imaginado que sería la última de Daniel. Él fue uno de los veinte niños y seis adultos asesinados a tiros por un demente armado en la Escuela Primaria Sandy Hook unas horas más tarde aquella mañana.[1]

Sandy Hook no era la primera masacre en la historia estadounidense. Pero se sintió como la más cruel. No era una reunión de adultos; era un salón de clases de niños. No era una zona de guerra; era un vecindario tranquilo. No eran mafiosos; eran niñitos de primaria que cargaban sus mochilas, comían sus meriendas y hacían comentarios sobre Papá Noel. Era la época navideña, ¡por todos los cielos!

Los niños no merecían una muerte como esa. Sus padres no merecen un dolor como ese. Y nosotros recibimos un recordatorio ya muy conocido: la vida no es justa.

¿Cuándo aprendiste estas palabras? *No es justo* ¿Qué realidad te expuso a las balanzas desequilibradas de la vida? ¿Un accidente automovilístico te dejó sin tu padre? ¿Te olvidaron tus amigos, te ignoró tu maestra, te maltrató un adulto? ¿Has hecho alguna vez la oración del salmista: «¿Hasta cuándo, oh Señor, te quedarás observando sin actuar?» (Salmos 35.17, NTV)? ¿Cuándo repetiste por primera vez la pregunta del profeta: «¿Por qué prosperan los malvados?» (Jeremías 12.1). De verdad, ¿por qué? ¿Por qué los traficantes de drogas se hacen ricos? ¿Por qué no atrapan a los agresores sexuales? ¿Por qué los charlatanes ganan elecciones? ¿Por qué los asesinos quedan en libertad? ¿Por qué los estafadores se salen con la suya? ¿Por qué los sinvergüenzas son premiados? ¿Por qué los hipócritas son escogidos?

¿Por cuánto tiempo prosperará la injusticia? La respuesta de Dios es directa: no por mucho tiempo. La Biblia revela una verdad sombría: «Él ha fijado un día en que juzgará al mundo con justicia» (Hechos 17.31).

Él no está sentado con los brazos cruzados. No está jugueteando con sus dedos. Cada página que pasa en el calendario nos acerca más al día en que Dios juzgará toda maldad. «Fijar» significa «seleccionar».[2] El día del juicio ha sido seleccionado. La hora está marcada y el momento está reservado. El juicio no es una posibilidad, es una cruda realidad.

El «día del juicio» es una frase impopular. No nos gusta la idea de una gran hora de la verdad. Y eso es irónico. Rechazamos el juicio, pero valoramos la justicia; sin embargo, lo segundo es imposible sin lo primero. No hay justicia sin juicio. Por esa razón todos compareceremos «ante el tribunal de Cristo, para que cada uno reciba lo que le corresponda, según lo bueno o malo que haya hecho mientras vivió en el cuerpo» (2 Corintios 5.10).

La palabra griega para tribunal es *béma*. El término denota un tribunal en sesión, un lugar donde el juez está presente y se emiten veredictos. «Pilato estaba sentado en el tribunal [*béma*]» (Mateo 27.19).

El lenguaje apocalíptico de Juan se refiere al tribunal como el «gran trono blanco».

> Luego vi un gran trono blanco y a alguien que estaba sentado en él. De su presencia huyeron la tierra y el cielo, sin dejar rastro alguno. Vi también a los muertos, grandes y pequeños, de pie delante del trono. Se abrieron unos libros, y luego otro, que es el libro de la vida. Los muertos fueron juzgados según lo que habían hecho, conforme a lo que estaba escrito en los libros (Apocalipsis 20.11, 12).

Ese juicio ocurre después del milenio, y después que Satanás, la bestia y el falso profeta son lanzados al lago de fuego (Apocalipsis 20.7-10). Se abrirán unos libros que contienen las obras de todo el mundo, buenas y malas (v. 12) y Dios recompensará o castigará a cada cual conforme a ellas.[3]

Otro libro, el libro de la vida, revela el destino eterno de cada persona. Los nombres de los hijos redimidos de Dios aparecen en este libro. Fue inscrito por Dios «desde la creación del mundo» (Apocalipsis 17.8). «Aquel cuyo nombre no [esté] escrito en el libro de la vida» será «arrojado al lago de fuego» (Apocalipsis 20.15).

Aunque es evidente que el gran trono blanco es el juicio final, los cristianos difieren sobre quién será juzgado. Algunos creen que habrá tres juicios separados: el juicio de las naciones (Mateo 25.31-46); un juicio de las obras de los creyentes, que suele llamarse «el tribunal [*béma*] de Cristo» (2 Corintios 5.10); y el juicio ante el gran trono blanco al final del milenio (Apocalipsis 20.11-15), cuando los incrédulos serán juzgados según sus obras y sentenciados a la condenación eterna en el lago de fuego.

Otros estudiosos de las Escrituras ven los tres juicios como los elementos de un juicio mayor. Independientemente de la cantidad de juicios, habrá una vista final y exhaustiva. Todos los incrédulos serán juzgados por Cristo. Todos los creyentes serán juzgados por medio de Cristo. Los incrédulos serán castigados, y los creyentes serán salvos por gracia y recompensados por sus obras (Mateo 16.27).

Desde su trono, Jesús equilibrará para siempre la balanza de la justicia. Y lo hará a través de algunas declaraciones:

1. *Él perdonará públicamente a su pueblo.*

Pablo les declaró a los corintios «es necesario que todos nosotros comparezcamos ante el tribunal de Cristo» (2 Corintios 5.10, RVR60). «Nosotros» incluye a toda la humanidad. Pablo no excluyó su nombre de la lista, ni nosotros tampoco podemos hacerlo.

Tal vez querramos hacerlo. Especialmente si tomamos en consideración que ese será «el día en que, por medio de Jesucristo, Dios juzgará los secretos de toda persona» (Romanos 2.16). No quiero que escuches mis pensamientos secretos. No deseo que mi congregación se entere de los sermones que me dieron terror o de las conversaciones que eludí. ¿Por qué Cristo expondría cada obra y cada deseo del corazón de los cristianos? En aras de la justicia. Él tiene que declarar perdonado cada pecado.

Dios filtra su veredicto a través de Jesús. Los creyentes no se presentarán solos ante el juez. Jesús estará a nuestro lado. Según el pecado sea expuesto, así también el perdón.

«Max le mintió a su profesor». Jesús: «Yo recibí su castigo».

«Max distorsionó la verdad». Jesús: «Morí por ese pecado».

«Max se quejó otra vez». Jesús: «Lo sé. Lo he perdonado».

La lectura continuará sin parar hasta que se proclame y se perdone cada pecado de cada creyente. Tal vez estés pensando: *Esto va a tomar mucho tiempo.* Sin duda, así será. No obstante, es posible que el cielo tenga un marco temporal distinto. Y si no es así, tenemos todo el tiempo del mundo. La justicia de Dios exige una contabilidad detallada. Él no permitirá ni un asomo de injusticia en su nuevo reino. Cada ciudadano sabrá que cada pecado ha sido expuesto y perdonado. El cielo no puede ser cielo con secretos o pasados escondidos.

No te avergonzarás. Por el contrario, te quedarás pasmado. Tu asombro aumentará según vaya aumentando la lista de pecados perdonados. Sentirás por Dios lo que mi amigo sintió cuando el juez declaró su inocencia. El gobierno federal lo acusó de sesenta y seis cargos. Su juicio duró tres semanas angustiosas. De ser hallado culpable, habría podido pasar el resto de su vida en prisión.

Yo estaba de viaje cuando apareció un mensaje de texto en mi teléfono. «El jurado ya regresó. Están a punto de leer el veredicto». Esperé por el siguiente mensaje. Y esperé. Y esperé. Me impacienté. Le envié un mensaje de texto al abogado que estaba ayudando en el caso. «¿Por qué se están demorando tanto?». Él me contestó: «El juez tiene que dar su fallo en cada uno de los cargos, uno a uno. El registro de la corte exige una anotación de cada acusación».

La lectura del veredicto tomó veinte minutos. Mi amigo se mantuvo de pie mientras el juez lo declaraba «inocente» sesenta y seis veces. El jurado lo escuchó. El equipo legal lo escuchó. El público que llenó la sala del tribunal lo escuchó. Los acusadores lo escucharon. El taquígrafo judicial lo escuchó. Si había un equipo de mantenimiento en la sala, lo escuchó. Para que no hubiera ninguna pregunta sobre el veredicto, la corte dictó la misma palabra después de cada cargo.

¡Inocente!

¡Inocente!

¡Inocente!

Dios promete la misma proclamación pública de inocencia para ti y para mí. Nos presentaremos delante del Juez, mientras examinan nuestras vidas. Por cada transgresión Dios declarará su perdón. El diablo escuchará el veredicto. Los santos escucharán el veredicto. Los demonios escucharán el veredicto. Los ángeles escucharán el veredicto.

¡Inocente!

¡Inocente!

¡Inocente!

El resultado será un cielo envuelto en justicia. Ningún santo mirará a otro con sospecha. Ningún santo verá su pasado con culpa. Todo será dado a conocer. Todo será perdonado. La exposición pública de los pecados perdonados provocará una gratitud eterna hacia nuestro Salvador. Y mientras perdona públicamente a su pueblo...

2. Él aplaudirá el servicio de sus siervos.

«Él sacará a la luz lo que está oculto en la oscuridad y pondrá al descubierto las intenciones de cada corazón. Entonces cada uno recibirá de Dios la alabanza que le corresponda» (1 Corintios 4.5).

Dios te paseará por tu vida, día por día, momento por momento, pronunciando un elogio tras otro. «Cediste tu asiento en el autobús. Bien hecho. Saludaste al estudiante nuevo en la escuela. Muy bien. Perdonaste a tu hermano, animaste a tu vecina... Te mantuviste despierto mientras Max predicaba. Estoy muy orgulloso de ti».

«Porque Dios no es injusto como para olvidarse de las obras y del amor que, para su gloria, ustedes han mostrado sirviendo a los santos, como lo siguen haciendo» (Hebreos 6.10). Nuestro Dios justo reconocerá nuestra mayordomía fiel. Si inviertes tus tesoros para honrarlo en la tierra, Él te dará más regalos en el cielo. Si utilizas tus talentos para su honra, Él te dará más talentos. La misma pluma que registra nuestros pensamientos impuros también toma nota de los puros.

¿Y adivina quién estará esperando por ti en la meta? Jesucristo. «¡Hiciste bien, siervo bueno y fiel! Has sido fiel en lo poco; te pondré a cargo de mucho más» (Mateo 25.23).

Mi amigo Dan es un ávido corredor. Solíamos llevar un registro de los kilómetros que corríamos juntos, pero entonces yo me hice más viejo y él se hizo más fuerte, y ese es un tema para un libro sobre cómo mantenerse saludable. Posteriormente, Dan completó un triatlón Ironman en Lake Placid, Nueva York. De todos los eventos Ironman alrededor del mundo, este se destaca por la participación de la comunidad. El último kilómetro de la carrera se corre en la pista del estadio de la escuela secundaria. Los residentes de Lake Placid (población: dos mil quinientas personas) llenan las gradas con el único propósito de vitorear a los atletas que cruzan la meta. Llegan temprano en la tarde para homenajear al ganador y se quedan hasta por la noche para esperar a los rezagados. Muchos de los corredores no llegan al estadio hasta mucho después de la puesta del sol.

Dan era uno de esos. Había estado nadando, montando en bicicleta y corriendo desde las ocho de la mañana. Sus piernas estaban entumecidas y sus pies doloridos. Todo su interior quería darse por vencido. Pero entonces escuchó el estruendo. A kilómetros de distancia del estadio, oyó la ovación del público reunido allí.

Aceleró su paso. A la distancia, podía ver las luces del estadio. Se olvidó del dolor en sus piernas y sintió emoción en su corazón. «Ya estoy llegando».

En media hora llegó al estacionamiento del estadio. A esa altura, el ruido era ensordecedor. Dan enderezó su espalda, respiró hondo y entró al estadio. Entonces escuchó por el altavoz: «¡Y de San Antonio, Texas, Dan Smith!».

El lugar estalló en aplausos. Personas que él nunca había visto estaban gritando su nombre. Niños pequeños coreaban: «¡Dan! ¡Dan! ¡Dan!». El dolor desapareció. Se olvidó de la fatiga. Ahora estaba rodeado por una multitud enorme de testigos.

Y tú también. Escucha con atención, mi amigo, mi amiga, y escucharás a una multitud de hijos e hijas de Dios alentándote. Noé está entre ellos. Y también María, la madre de Jesús. Tu maestra de primaria grita tu nombre. Y también el tío que nunca conociste. ¿Escuchas el apoyo de los mártires del primer siglo? ¿Y qué me dices de los líderes chinos que reunían grupos pequeños en sus hogares o los misioneros que evangelizaron en África en el siglo dieciocho? Algunos de nosotros tenemos en las gradas a una mamá, un papá, a un hermano o a una hermana... quizás hasta un hijo. Ellos forman parte de «una multitud tan grande de testigos» (Hebreos 12.1).

Dios registra y recompensa tu bondad. Es justo que lo haga. Y como es un Dios justo, perdonará públicamente a su pueblo, aplaudirá el servicio de sus siervos y...

3. Él honrará los deseos de los malvados.

Algunas de las personas que se presentarán ante Dios «no lo glorificaron como a Dios ni le dieron gracias [...] cambiaron la gloria del Dios inmortal por imágenes que eran réplicas del hombre mortal» (Romanos 1.21, 23). Se pasaron toda su vida deshonrando al Rey y haciéndole daño a su pueblo. Se burlaron de su nombre y les hicieron la vida imposible a sus vecinos.

Un Dios justo tiene que honrar los deseos de quienes lo rechazan.

Aun nuestro sistema judicial, por más frágil que parezca, no impone una defensa a los acusados. Se le ofrece un abogado al acusado, pero si prefiere presentarse solo delante del juez, el sistema lo permite.

Dios hace lo mismo. Él ofrece a su Hijo como abogado. En el juicio, Jesús se parará al lado de cada persona, excepto de aquellos que lo rechazan. Cuando se lean sus obras, lo único que se escuchará en el tribunal del cielo será silencio.

«Negaste mi presencia». Silencio.

«Maltrataste a mis hijos». Silencio.

«Calumniaste mi nombre». Silencio.

«Ignoraste mi Palabra». Silencio.

«Rechazaste a mi Hijo». Silencio.

¿Qué respuesta puede darse? ¿Qué defensa puede ofrecerse? Dios tiene razón. Dios es justo. Nadie en el cielo ni en el infierno acusará al Juez de injusticia cuando anuncie: «Apártense de mí, malditos, al fuego eterno preparado para el diablo y sus ángeles» (Mateo 25.41).

La justicia prevalecerá.

Es posible que esta promesa no te importe mucho. Para algunas personas la vida parece justa y razonable. Si eso te describe, agradece al cielo por tus bendiciones. Sin embargo, hay otros que luchan una batalla diaria con mucho coraje. Han sido despojados; personas malvadas les han robado días con sus seres amados; la enfermedad les ha arrebatado la salud de sus cuerpos. Ellos creen que es necesario que se haga justicia.

Yo soy una de esas personas. A mi hermano lo asaltaron. El alcoholismo robó la alegría de su vida. Por dos terceras partes de sus cincuenta y siete años, batalló contra la botella. Le costó su familia, sus finanzas y sus amigos. No era inocente. Lo entiendo muy bien. Él compró el licor y tomó las decisiones. Sin embargo, estoy convencido de que Satanás designó a una brigada especial de matones para que lo tentaran. Cuando ellos descubrieron su debilidad, se negaron a soltarlo. Lo arrastraron al cuadrilátero y lo golpearon hasta robarle su dominio propio.

Estoy listo para ver a Satanás pagando por sus crímenes contra mi hermano. Espero con ansias ese momento cuando esté parado junto a Dee, con cuerpos redimidos y almas seguras. Juntos veremos cuando el diablo sea encadenado y arrojado al lago de fuego. En ese momento comenzaremos a reclamar lo que el diablo robó.

«Él [Dios] ha fijado un día en que juzgará al mundo con justicia» (Hechos 17.31).

Permite que este pacto mitigue el coraje que sientes por el mundo que sufre. La desolación ha ensangrentado todas las generaciones. ¿Hay en nuestro planeta un kilómetro cuadrado que no esté manchada con sangre? Los hutu mataron brutalmente a ochocientas mil personas, principalmente tutsi. Hitler exterminó a seis millones de judíos y a medio millón de gitanos. Bombas estadounidenses devastaron a Hiroshima y a Nagasaki. Los japoneses torturaron soldados estadounidenses. Bombas suicidas explotaron en Bagdad y un asesino en masa asoló Sandy Hook. No está bien, no es justo, no es correcto que prospere la maldad. Cuando te preguntes si los malvados quedarán impunes o si las injusticias no serán abordadas, permite que esta promesa satisfaga tu deseo por justicia. Dios tendrá la última palabra: «Dios es juez justo, y Dios está airado contra el impío todos los días» (Salmos 7.11, RVR60).

Hasta entonces, sigue el ejemplo de las mujeres de una aldea dinka en Sudán. Unos soldados apoyados por el gobierno asolaron su asentamiento, y maltrataron y mataron indiscriminadamente a más de cien personas. Los musulmanes fundamentalistas tomaron a los fuertes, abandonaron a los débiles, quemaron las chozas y arrasaron los cultivos. Sin embargo, el horror hizo que renaciera la esperanza. Un remanente de sobrevivientes, las esposas y las madres de los asesinados y los desaparecidos, recogieron ramitas y las amarraron en forma de pequeñas cruces. Antes de enterrar los cuerpos y de llorar por la pérdida de sus seres queridos, ellas plantaron las cruces en la tierra. No lo hicieron en conmemoración de su tristeza, sino como declaraciones de su esperanza. Eran seguidoras de Jesús. Aquellas ramitas cruzadas expresaban su fe real en un Dios amoroso que podía y daría sentido a una tragedia como esa.[4]

Haz lo mismo con tus tragedias. Colócalas a la sombra de la cruz y recuerda: Dios entiende la injusticia. Él corregirá todo lo que está mal y sanará todas las heridas. Él ha preparado un lugar donde la vida será finalmente y para siempre... justa.

CAPÍTULO 14

Promesas inquebrantables, esperanza inconmovible

LA PROMESA DE DIOS

Tenemos como firme y segura ancla
del alma una esperanza.

—Hebreos 6.19

Mucho después de haber bañado y acostado a los niños, la mamá soltera mira sus facturas y el saldo de su chequera. Demasiado de lo primero, no mucho de lo segundo. Ya ha llamado a todas sus amigas. Ya ha cobrado todos los favores. No hay suficientes horas en el día para ganar más dinero. Mira por la ventana de su pequeño apartamento y se pregunta adónde recurrir.

Luego está el hombre agotado en la unidad de cuidados intensivos (UCI), parado junto a la cama de su único amor. Apenas puede recordar un día sin ella. Se casaron muy jóvenes. Nunca ha conocido algo tan puro como el corazón de esta mujer. Se acerca a su rostro y le acaricia el cabello. No recibe respuesta. El doctor le dijo que debía despedirse. Al esposo no le queda ninguna esperanza.

¿Y qué del ejecutivo que se sienta en el escritorio grande en la oficina de la esquina? Su apretón de manos es firme; su voz suena segura y confiada. Pero no dejes que su conducta te engañe. Si la solvencia fuera un avión a reacción, el de él caería en picada. Su banquero quiere reunirse con él. Su contable quiere renunciar. ¿Y la esperanza? La esperanza abordó un tren rumbo a la costa y nadie la ha visto en una semana.

Conoces el sentimiento. Todos lo conocemos. Aun las almas optimistas, las que ven la «copa medio llena» que usan la canción «el sol saldrá mañana» como la melodía de llamada en su teléfono celular. A veces simplemente nos quedamos sin esperanza. Y cuando eso pasa, ¿adónde podemos recurrir?

Sugiero que recurramos a esta promesa maravillosa y hermosa: «Tenemos como firme y segura ancla del alma una esperanza que penetra hasta detrás de la cortina del santuario, hasta donde Jesús, el precursor, entró por nosotros» (Hebreos 6.19, 20).

Fíjate en las palabras clave de la primera frase: *ancla* y *alma.*

No necesitas que te explique lo que es un ancla. Has sostenido esas piezas de hierro moldeadas, con extremos puntiagudos. Quizás hayas lanzado alguna desde un bote y hayas sentido el tirón cuando encontró su lugar en el fondo. El ancla tiene un propósito: sujetar el bote. Para soportar una ráfaga de mal tiempo, necesitas un ancla buena. Necesitas una como la del tatuaje en el antebrazo de Popeye: fuerte y con un arpón doble. Necesitas una que pueda engancharse firmemente a un objeto que sea más fuerte que la tormenta. Necesitas un ancla buena.

¿Por qué? Porque tienes una embarcación valiosa. Tienes un alma. Cuando Dios sopló aliento de vida en Adán, le dio más que oxígeno; le dio un ser eterno. Le dio un alma.

La presencia del alma te separa del pez de colores que tienes por mascota. Ustedes dos comen. Ustedes dos tienen ojos y escamas; las de él en su piel, las tuyas en el piso del baño. Aunque ambos se parecen mucho, existe una gran diferencia: el alma.

A causa de tu alma, te preguntas por qué estás aquí. A causa de tu alma, te preguntas hacia dónde te diriges. A causa de tu alma, luchas con lo que está bien y lo que está mal, valoras la vida de los demás, te emocionas cuando escuchas a alguien cantando el himno nacional y tus ojos se llenan de lágrimas al contemplar a tu bebé. Los peces de colores no hacen esas cosas.

Tu alma te separa de los animales y te une a Dios. Y tu alma necesita un ancla. Tu alma es frágil. Siente el dolor de la muerte y conoce las preguntas de la enfermedad. Tu hígado puede sufrir por un tumor, pero tu alma sufre por las preguntas. Por lo tanto, tu alma necesita un ancla, un punto de enganche que sea más fuerte que la tormenta.

Esta ancla no está fijada en un bote ni en una persona ni en una posesión. No, esta ancla está fijada «detrás de la cortina del santuario, hasta donde Jesús, el precursor, entró por nosotros» (vv. 19, 20). Nuestra ancla, en otras palabras, está fijada en el trono mismo de Dios. Podríamos imaginarnos el ancla unida al trono. Nunca se soltará. La cuerda jamás se romperá. El ancla está fija y la cuerda es fuerte. ¿Por qué? Porque está fuera del alcance del diablo y bajo el cuidado de Cristo. Y como nadie puede quitarte a tu Cristo, nadie puede quitarte tu esperanza.

¿Definen los críticos tu identidad? No, porque Dios dijo: «Hagamos al ser humano a nuestra imagen y semejanza» (Génesis 1.26). Eso te incluye a ti.

¿Pueden los retos agotar tus fuerzas? No, porque «somos herederos; herederos de Dios y coherederos con Cristo» (Romanos 8.17). Tienes acceso a la fortuna familiar.

¿Eres una víctima de las circunstancias? Para nada. «La oración ferviente de una persona justa tiene mucho poder y da resultados maravillosos» (Santiago 5.16, NTV).

¿Tiene Dios un lugar para la gente sencilla del mundo? Seguro que sí. «Dios se opone a los orgullosos, pero da gracia a los humildes» (1 Pedro 5.5).

¿Puede alguien comprender cómo se siente vivir tu vida? Jesús sí puede. «Nuestro Sumo sacerdote puede compadecerse de nuestra debilidad» (Hebreos 4.15, DHH).

¿Te sientes completamente solo con tus problemas? No lo estás. Jesús «está a la derecha de Dios e intercede por nosotros» (Romanos 8.34).

¿Podrá Dios perdonar tus fracasos algún día? Ya lo hizo. «Por lo tanto, ya no hay ninguna condenación para los que están unidos a Cristo Jesús» (Romanos 8.1).

¿Es la tumba un callejón sin salida? Justo lo contrario. «La muerte ha sido devorada por la victoria» (1 Corintios 15.54).

¿Terminará la pena algún día? A veces parecería que no es así. Pero Dios nos ha asegurado que: «El llanto podrá durar toda la noche, pero con la mañana llega la alegría» (Salmos 30.5, NTV).

¿Tendrás sabiduría y energía por el resto de tu vida? No, no las tendrás. Pero el Espíritu Santo sí. «Cuando el Espíritu Santo venga sobre ustedes, recibirán poder» (Hechos 1.8, DHH).

La vida no es justa. Pero lo será porque «[Dios] ha fijado un día en que juzgará al mundo con justicia» (Hechos 17.31).

La muerte, el fracaso, la traición, la enfermedad, la desilusión... nada de eso puede quitarte tu esperanza porque nada puede quitarte a tu Jesús.

En su libro *The Grand Essentials* [Los grandes elementos esenciales], Ben Patterson cuenta sobre un submarino S-4 que se hundió en la costa de Massachusetts. Toda la tripulación quedó atrapada. Hicieron todos los esfuerzos para salvar a los marineros, pero fracasaron. Casi al final de la terrible experiencia, un buzo de alta mar escuchó unos golpecitos en la pared de acero del submarino hundido. Cuando colocó su oído en la pared, se dio cuenta de que el marinero estaba haciendo esta pregunta en código Morse: «¿Hay alguna esperanza?».[1]

¿Te estás preguntando lo mismo? ¿Eres la mamá soltera sin recursos? ¿El hombre en la UCI que no tiene fuerzas? ¿El empresario sin respuestas? ¿Te estás preguntando si hay alguna esperanza?

Jonathan McComb lo hizo.

Los McComb eran el cuadro de una típica familia estadounidense. Dos niños pequeños y hermosos. Un matrimonio estupendo. Jonathan trabajaba con haciendas. Laura vendía productos farmacéuticos. Eran personas temerosas de Dios, felices, ocupadas y serenas. Entonces llegó la tormenta. Había pronóstico de lluvia. ¿Pero una inundación de las que ocurren una vez cada siglo? Nadie se lo esperaba. El río Blanco creció nueve metros en noventa minutos, atravesó la zona montañosa tejana y arrasó casas, autos y puentes a su paso. Jonathan y su familia buscaron protección en el segundo piso de la cabaña donde se estaban quedando, pero no la encontraron en ningún lugar. El río arrancó la casa de sus cimientos. De pronto estaban aguantándose de un colchón en las aguas bravas del río.

Jonathan sobrevivió.

Nadie más sobrevivió.

Cuando Denalyn y yo lo visitamos en el hospital, casi no podía moverse a causa del dolor. Pero las costillas y la cadera rotas no eran nada en comparación con el corazón destrozado. Jonathan trató de hablar. Pero lo único que pudo hacer fue llorar.

Un par de semanas más tarde encontró las fuerzas para hablar en el funeral de su esposa y sus dos hijos. Parecía que toda la ciudad de Corpus Christi estaba allí. En la iglesia no había un asiento vacío ni ojos secos. Por mucho más de media hora, Jonathan describió a su esposa y a sus hijos. Habló de sus risas y de la alegría, y de lo vacía que se sentía su casa.

Luego dijo:

Muchas personas me han preguntado cómo estoy y cómo me he mantenido fuerte y optimista en un tiempo como este. Les he dicho que he encontrado apoyo en mi familia, mis amigos y, sobre todo, en mi fe... Después de cada servicio dominical, Laura siempre preguntaba: «¿Qué podemos hacer para que más gente venga a la iglesia y aprenda más sobre la salvación?». Bueno, Laura, ¿qué piensas ahora? Aquí están.

Un versículo en particular que he amado por muchos años también me ha ayudado mucho. «Confía en el SEÑOR de todo corazón, y no en tu propia inteligencia» (Proverbios 3.5). No puedo explicar por qué ocurre un hecho tan trágico como la inundación y se pierden vidas, pero yo sé que Dios no nos da nada con lo que no podamos lidiar. Yo sé que estamos aquí por un corto tiempo, pero créanme, si me pudieran romper todos los huesos de mi cuerpo a cambio de que ellos regresaran, lo haría, pero no es decisión nuestra... Sí, yo sé que toda esta tragedia es horrible, y me he sentido enojado, alterado, confundido y me he preguntado por qué. He derramado suficientes lágrimas para llenar ese río cien veces más. Pero yo sé que no puedo quedarme enojado, ni molesto ni confundido, ni puedo continuar preguntándome por qué, porque voy a encontrar esa respuesta cuando llegue mi tiempo y me reúna con ellos en el cielo. Pero créanme, esa va a ser la primera pregunta que voy a hacer.

Tomé nota de las veces que Jonathan usó la frase «yo sé».

Yo sé que Dios no nos da nada con lo que no podamos lidiar.
Yo sé que estamos aquí por un corto tiempo...
Yo sé que toda esta tragedia es horrible.
Yo sé que... me [reuniré] con ellos en el cielo.

Jonathan no fue ingenuo ni desdeñoso. No reaccionó con creencias superficiales o frívolas. Él sabía que la tragedia era horrible. Pero en medio de la tormenta, encontró esperanza, una esperanza inconmovible. No encontró respuestas fáciles, pero encontró la Respuesta. Tomó la decisión intencionada de edificar su vida en las promesas de Dios.

Jesús exhortó a sus seguidores a «orar siempre, sin desanimarse» (Lucas 18.1).

¿Sin desanimarnos? ¿Sin ser cobardes? ¿Sin sentirnos abrumados? ¿Sin caer en la cloaca de la desesperación? ¿Puedes imaginártelo? Que la angustia no nos robe ni un solo día. Que ninguna decisión sea impulsada por el miedo. Esa es la voluntad de Dios para ti y para mí. Él quiere que «[rebosemos] de esperanza por el poder del Espíritu Santo» (Romanos 15.13).

Rebosar. Qué verbo tan extraordinario para usar con «esperanza».

Por casi media hora la semana pasada, el cielo se convirtió en una catarata. Tuve que estacionarme a la orilla de la carretera. Los limpiaparabrisas no tenían ninguna posibilidad contra el aguacero.

Cada centímetro cuadrado de la autopista estaba empapado. La lluvia *rebosó*. Dios empapará tu mundo con esperanza.

Una vez pasé un día en el bosque Yosemite. No podía contar los árboles de la misma forma que no puedo contar las estrellas. Altos, bajos. A la derecha, a la izquierda. Detrás de mí, delante de mí. Yosemite *rebosaba* en árboles. Dios convertirá tu mundo en un bosque de esperanza.

Recuerdo, cuando niño, que caminaba por un campo de algodón cerca de la casa de mis abuelos en el oeste de Texas. La finca *rebosaba* de algodón. No podía ver el final. Norte, sur, este, oeste: bolitas blancas mullidas por todos lados. Dios te concederá una cosecha de verano de esperanza.

¿Necesitas una esperanza rebosante? ¿No esperanza ocasional ni esperanza esporádica ni esperanza termostática, sino esperanza rebosante?

Es tuya si la pides. «Los que hemos acudido a él en busca de refugio podemos estar bien confiados aferrándonos a la esperanza que está delante de nosotros. Esta esperanza es un ancla firme y confiable para el alma; nos conduce a través de la cortina al santuario interior de Dios. Jesús ya entró allí por nosotros. Él ha llegado a ser nuestro eterno Sumo Sacerdote» (Hebreos 6.18-20, NTV).

Hazte esta pregunta clave: ¿estoy aferrado a algo más fuerte que lo que estoy pasando?

Todo el mundo está anclado a algo. A una cuenta de jubilación o a un currículum vitae. Algunos están amarrados a una persona; otros están pegados a una posición. No obstante, estos son objetos superficiales. ¿Anclarías tu bote a otro bote? ¡Dios no lo quiera! Quieres algo que vaya más profundo y que se aferre con más firmeza que otra embarcación flotante. Sin embargo, cuando te anclas a las cosas de este mundo, ¿acaso no estás haciendo lo mismo? ¿Puede una cuenta de jubilación sobrevivir a una depresión? ¿Puede la buena salud superar una enfermedad? No hay garantías.

Los marineros entendidos te instarán a que ancles en algo escondido y sólido. No confíes en la boya sobre el agua, no confíes en los marineros del bote contiguo y no confíes en el otro bote. De hecho, ni siquiera confíes en tu propio bote. Cuando la tormenta azote, no confíes en nadie sino en Dios. El apóstol Pablo lo proclamó triunfalmente: «hemos puesto nuestra esperanza en el Dios viviente» (1 Timoteo 4.10).

La gente de la promesa toma decisiones todos los días para asegurar su ancla en Dios. En los casos como el de Jonathan McComb, la lucha es una batalla de vida o muerte contra una tragedia inexpresable. En los casos como el que enfrenté ayer, es un asunto de arrebatarle un día a las mandíbulas del pesimismo.

Llevaba tres días mirando la pantalla de mi computadora tratando de escribir este libro. Una hora después del almuerzo mi cerebro cambió a neutro, y mis ojos comenzaron a cruzarse. Sabía que necesitaba tomar un descanso. Vivo a diez minutos de un campo de golf. Así que en un abrir y cerrar de ojos estaba en el primer *tee*, con mi palo de golf en mano, caminando por la primera calle y disfrutando de la calidez del día de primavera.

Mi teléfono hizo bip. Leí el mensaje de texto. Un compañero de trabajo me informó sobre un cambio de personal en la iglesia. *Eh, me pregunto por qué no me habrá consultado la decisión.*

Guardé el teléfono en mi bolsillo y decidí darle el beneficio de la duda. Ese intento de bondad duró hasta la segunda calle. Sentí un gruñido creciendo en mi interior.

Debió haberme preguntado.

Cuando llegué al hoyo número tres ya estaba apretando el palo demasiado. En el cuarto hoyo vi una imagen del rostro de mi compañero en la bola antes de pegarle con fuerza. El número cinco fue un desastre. ¡Me imaginé una pelea a gritos con él! Para cuando me acerqué al hoyo, ya había renunciado, lo había despedido, me había declarado en huelga y me había mudado a México.

Podrías decir que soy propenso a reaccionar exageradamente. Puedo caer en picada en un valle de negatividad en cuestión de, bueno, en cuestión de cinco hoyos de golf. ¡Ah! ¡Si me hubieras visto arrastrando mis palos de golf con una mano y enseñándole mi puño al diablo con la otra! Debiste haberme oído. Qué bueno que no había otros golfistas en el campo aquel miércoles en la tarde. Me habría ganado algunas miradas furiosas.

Mientras caminaba entre el hoyo cinco y el seis, Dios me habló. Me preguntó sobre este libro. Me recordó su tesis. Y no tuvo que hacerme la pregunta. La escuché antes que la preguntara. ¿La estás poniendo en práctica? No. Me estaba apoyando en los problemas de la vida, no en las promesas de Dios.

Así que rebusqué en el arsenal de las promesas y saqué una. Primero, esta de la historia de David y Goliat: «La batalla es del SEÑOR» (I Samuel 17.47). Y luego recordé estas palabras de Isaías:

> Pero los que confían en el SEÑOR
> renovarán sus fuerzas;
> volarán como las águilas:
> correrán y no se fatigarán,
> caminarán y no se cansarán (40.31).

Esta promesa era justo la receta que necesitaba para tratar con mi enfado. Me di cuenta de que *esta batalla es de Dios, no es mía. Él es el encargado, no yo. Esperaré hasta que Dios obre.*

Contesté el mensaje de texto y pedí una conversación de cinco minutos. Antes de llegar al hoyo número seis, mi teléfono sonó. Pregunté: «¿Estaban pensando incluirme en esta decisión?».

«¡Seguro! ¡No se ha tomando ninguna decisión! Solo te estaba informando sobre una de las opciones».

Era todo lo que necesitaba. Ya estaba bien. El coraje se fue. ¿La mala noticia? El diablo captó mi atención. ¿La buena noticia? No la tuvo por mucho tiempo. Las promesas de Dios fueron un extintor para su llama.

En el primer capítulo te dije que las promesas de este libro son algunas de mis favoritas. Ahora que compartí mi lista, te insto a crear la tuya. El mejor libro de promesas es el que tú y Dios van a escribir juntos. Busca y rebusca hasta que encuentres los pactos que tratan sobre tus necesidades. Aférrate a ellas como las perlas preciosas que son; escóndelas en tu corazón para que puedan producir beneficios durante mucho tiempo en el futuro. Cuando el diablo venga con sus mentiras de duda y temor, ¡le enseñas la perla! Satanás escuchará de inmediato. Él no tiene respuesta para la verdad.

Y sí funcionan, amigo. Las promesas de Dios funcionan. Pueden guiarte a través de tragedias horrendas. Te ayudan a mantenerte a flote en medio de las dificultades cotidianas. Son, sin duda alguna, las preciosas y magníficas promesas de Dios.

Russell Kelson Carter descubrió esta verdad. Él era un atleta y un estudiante talentoso. En 1864, a los quince años, entregó su vida a Cristo en una reunión de oración. Se convirtió en instructor en la Pennsylvania Military Academy en el 1869. Vivió una vida productiva y variada que incluyó trabajos como ministro, médico y hasta compositor. Pero fue su comprensión sobre las promesas de Dios lo que hace que su historia sea relevante para nosotros.

A los treinta años, Carter padecía de una condición cardiaca crítica y estaba al borde de la muerte. «Connie Ruth Christiansen escribe: "Él se arrodilló y prometió que se sanara o no, su vida sería finalmente y para siempre consagrada al Señor". Christiansen continúa explicando que a partir de aquel momento las Escrituras cobraron nueva vida para Carter y comenzó a apoyarse en las promesas que encontraba en la Biblia. Se comprometió a creer, independientemente de que Dios lo sanara o no... Carter vivió, con un corazón saludable, otros cuarenta y nueve años».[2] Su decisión de confiar en Dios en medio de las dificultades dio origen a un himno que todavía entonamos hoy.

Firme en las promesas de mi Dios y Rey,
Por los siglos mi alabanza cantaré,
Gloria en las alturas yo proclamaré,
Firme en las promesas de mi Rey.

Coro
Firme, firme,
Firme en las promesas de mi Dios y Cristo;
Firme, firme,
Firme en las promesas de mi Rey.

La segunda estrofa es mi preferida.

Firme en las promesas que no fallarán
Cuando ataquen los temores y el afán;
Afirmado en su Palabra eternal,
Firme en las promesas de mi Dios.[3]

Haz lo mismo.

Edifica tu vida en las promesas de Dios. Como sus promesas son inquebrantables, tu esperanza será inconmovible. Los vientos seguirán soplando. La lluvia continuará cayendo. Pero al final, te mantendrás firme... firme en las promesas de Dios.

Preguntas para reflexionar

Preparadas por Andrea Lucado

CAPÍTULO 1

Las preciosas y magníficas promesas de Dios

1. ¿Quiénes son los «héroes de la fe» que se mencionan en Hebreos 11.7-34? ¿Por qué se les considera héroes?

2. En este capítulo la fe se define como «la creencia profundamente arraigada de que Dios cumplirá sus promesas». En este momento en tu vida, ¿es fácil creer que Dios cumplirá sus promesas? ¿O es difícil? ¿Por qué?

3. Lee Mateo 8.5-11. La Biblia describe a menudo cómo la gente se maravillaba con Jesús. Las multitudes lo seguían a todas partes y se asombraban por la manera en que hacía milagros, sanaba a los enfermos y echaba fuera demonios. Pero en esta historia vemos que es Jesús el que se asombra. ¿Por qué? ¿Qué dice esto sobre cómo valora Jesús nuestra fe en Él?

---

4. Max cita varios versículos que describen por qué podemos confiar en Dios como un hacedor de promesas y un cumplidor de promesas.

> «Él nunca cambia ni varía como una sombra en movimiento» (Santiago 1.17, NTV). El carácter de Dios es inmutable y congruente.

> «Se puede confiar en que Dios cumplirá su promesa» (Hebreos 10.23, NTV). Él merece nuestra confianza.

> «Dios es poderoso para cumplir todo lo que promete» (Romanos 4.21, NTV). Él es capaz. Su poder es ilimitado.

> «Es imposible que Dios mienta» (Hebreos 6.18). Dios no hace trampas ni miente; solo dice la verdad.

- ¿Cuáles de estas características de Dios necesitas recordar en tus circunstancias actuales?
- ¿En qué forma el conocer esto sobre Dios te da esperanza en sus promesas?

5. Después de hablar sobre el temblor de su dedo pulgar izquierdo, Max dice que tenía dos alternativas: «Podía cavilar sobre el problema o podía recordar la promesa». ¿Sobre qué problema estás cavilando hoy?

6. Ahora medita en las siguientes promesas de Dios:

> «¡El Señor está contigo!» (Jueces 6.12).

«Dios dispone todas las cosas para el bien de quienes lo aman» (Romanos 8.28).

«En este mundo afrontarán aflicciones, pero ¡anímense! Yo he vencido al mundo» (Juan 16.33).

- ¿Cuál de estas promesas podría combatir el problema sobre el que estás cavilando hoy?
- ¿Has visto el cumplimiento en tu vida de alguna de estas promesas? ¿Cuáles fueron las circunstancias? ¿Cómo el recordar la manera en que Dios ha cumplido sus promesas en el pasado te da la esperanza de que las cumpla ahora y en el futuro?

7. Pedro escribió: «Dios nos ha entregado sus preciosas y magníficas promesas para que ustedes [...] lleguen a tener parte en la naturaleza divina» (2 Pedro 1.4). La palabra griega traducida como «preciosas» es *tímios* y significa «honrado, estimado, amado, preciosísima, venerar, honroso».[1] Probablemente valoras muchas cosas en tu vida —tu familia, tus amistades, tu trabajo o tu casa— pero ¿piensas que las promesas de Dios son *especialmente* valiosas? ¿Son de gran honra y estima para ti, o tiendes a valorar las posesiones materiales y a las personas más que las promesas de Dios?

8. Como gente de la promesa, ¿en qué aspectos tienes que crecer?
- ¿Crees en las promesas de Dios pero necesitas un recordatorio de lo ricas y abundantes que son?

- ¿Te sientes agotado por la vida y te estás cuestionando si Dios cumplirá sus promesas?
- ¿Es esta la primera vez que escuchas sobre las promesas de Dios?
- Identifica dónde te encuentras, en este momento, en el espectro de la fe. ¿Dónde te gustaría estar después de estudiar *Esperanza inconmovible* junto con las Escrituras?

CAPÍTULO 2

Estampados con la imagen de Dios

1. Llena el espacio en blanco: Dios nos creó a su _____. (Ver Génesis 1.26.) ¿Qué implica esto sobre los seres humanos en comparación con el resto de la creación?

2. ¿Cuáles son algunos de los atributos divinos que todos tenemos?

3. La Biblia dice: «Nosotros [...] somos transformados a su semejanza con más y más gloria por la acción del Señor, que es el Espíritu» (2 Corintios 3.18). Si ya fuimos creados a imagen de Dios, ¿qué quiere decir que hemos sido *transformados* a su semejanza con más y más gloria?

4. A menudo, en vez de mirar a Dios, buscamos en otras personas o en otras cosas lo que nos define, lo que nos da un sentido de identidad. ¿En qué o en quién estás tratando de encontrar tu identidad?

5. Después de hablar sobre el amor que siente por su nieta, que todavía no ha nacido, Max hace la comparación de que Dios nos ama simplemente porque llevamos su imagen. ¿Te parece esto fácil o difícil de creer? ¿Por qué?

6. A lo largo de nuestras vidas, otras personas tratan de decirnos lo que somos.

   - ¿Alguna vez alguien te ha puesto una etiqueta falsa? Si es así, ¿cómo afectó eso la forma en que te ves a ti mismo?
   - Si no es así, ¿le has puesto tú a alguien una etiqueta falsa? ¿Cuáles fueron las consecuencias?

7. Para combatir las etiquetas que otros nos han puesto es bueno que miremos qué dice la Biblia que somos. Lee los siguientes versículos y reflexiona sobre lo que dicen acerca de tu identidad. ¿Cuáles de las verdades que afirman contradicen las etiquetas falsas que has aceptado sobre ti mismo?

   «Así que ya no eres esclavo, sino hijo; y si hijo, también heredero de Dios por medio de Cristo» (Gálatas 4.7, RVR60).

   «Al que no cometió pecado alguno, por nosotros Dios lo trató como pecador, para que en él recibiéramos la justicia de Dios» (2 Corintios 5.21).

   «Por eso les digo: No se preocupen por su vida, qué comerán o beberán; ni por su cuerpo, cómo se vestirán. ¿No tiene la vida más valor que la comida, y el cuerpo más que la ropa? Fíjense en las aves del cielo: no siembran ni cosechan

ni almacenan en graneros; sin embargo, el Padre celestial
las alimenta. ¿No valen ustedes mucho más que ellas?»
(Mateo 6.25, 26).

«Tus ojos vieron mi cuerpo en gestación:
todo estaba ya escrito en tu libro;
todos mis días se estaban diseñando,
aunque no existía uno solo de ellos.

¡Cuán preciosos, oh Dios, me son tus pensamientos!
¡Cuán inmensa es la suma de ellos!» (Salmos 139.16, 17).

8. Dios es el creador de todas las personas y por eso todos llevamos
   su imagen.
   - ¿En qué manera el saber que todo el mundo fue creado a su
     imagen afecta la manera en que ves a otros y tu interacción
     con ellos?
   - ¿Cómo podría eso modificar tu forma de interactuar hasta
     con las personas más difíciles de tu entorno?

9. Piensa en alguien que conozcas que represente bien la verdad de
   que es una creación a imagen de Dios.
   - ¿Cómo refleja esa persona a Dios?
   - Usando a esa persona como inspiración, ¿en qué modo
     podrías vivir hoy como alguien que fue creado a imagen y
     semejanza de Dios?

CAPÍTULO 3

Los días del diablo están contados

1. Los pensamientos y las opiniones sobre Satanás y su rol en nuestras vidas varían muchísimo, aun dentro de la iglesia. Como Max señala, cuatro de cada diez cristianos están firmemente de acuerdo con que Satanás no es un ser vivo, sino un símbolo de maldad.

   - ¿Cuál es tu opinión sobre cómo se presenta al diablo en las Escrituras?
   - ¿Crees que él desempeña un papel en nuestras vidas cotidianas? Si es o no es así, ¿cómo?, ¿por qué?

2. La palabra griega para *diablo* es *diábolos*, que significa «calumniador».

   - ¿Cómo expone esta definición las motivaciones del diablo?
   - ¿Cómo expone las tácticas que usa contra nosotros?

---

3. Lee Ezequiel 28.12-17. Max relaciona este pasaje con la caída de Satanás.

- Según estos versículos, ¿qué causó la caída de Satanás?
- ¿Cómo se relaciona el orgullo de una persona con Satanás? (Ver 1 Timoteo 3.6.)

4. En 1 Pedro 5.8 dice que Satanás «ronda como león rugiente, buscando a quién devorar».

- ¿Por qué es esta una comparación apropiada?
- ¿Has experimentado alguna vez al diablo de esta manera? Si es así, ¿cuándo y cómo?

5. En Juan 10.10 dice que el maligno «no viene más que a robar, matar y destruir». Reflexiona en estos tres verbos.

- ¿Qué ha tratado de robar Satanás en tu vida?
- ¿Qué ha tratado de matar?
- ¿Qué ha tratado de destruir?

6. Lee Mateo 4.1-11. En este pasaje, el «tentador» tentó a Jesús tres veces:

«Si eres el Hijo de Dios, ordena a estas piedras que se conviertan en pan» (v. 3).

«Si eres el Hijo de Dios, tírate abajo. Porque escrito está: "Ordenará que sus ángeles te sostengan en sus manos, para que no tropieces con piedra alguna"» (v. 6).

«De nuevo lo tentó el diablo, llevándolo a una montaña muy alta, y le mostró todos los reinos del mundo y su esplendor. "Todo esto te daré si te postras y me adoras"» (vv. 8, 9).

- ¿Qué estrategia usó el tentador contra Jesús en el versículo 3?
- ¿Qué estrategia usó contra Jesús en el versículo 6?
- ¿Qué estrategia usó contra Jesús en los versículos 8, 9?

7. Ahora lee la respuesta de Jesús a cada una de estas tentaciones:

«Escrito está: "No solo de pan vive el hombre, sino de toda palabra que sale de la boca de Dios"» (v. 4).

«También está escrito: "No pongas a prueba al Señor tu Dios"» (v. 7).

«¡Vete, Satanás! [...] Porque escrito está: "Adora al Señor tu Dios y sírvele solamente a él"» (v. 10).

- ¿Cuál fue la estrategia de Jesús contra Satanás?
- ¿Cómo te enseña este diálogo la manera en que debes pelear contra las mentiras que Satanás te plantea?

8. Efesios 6.12-17 detalla cómo nos podemos proteger de Satanás.
- ¿Qué partes de la armadura mencionó Pablo en este pasaje?
- Piensa en un área en tu vida en la que Satanás parece tener control en este momento. ¿Qué parte de la armadura necesitas para pelear contra él en esta área específica? ¿Cómo puedes vestirte con el cinturón de la verdad, la

coraza de la justicia, la espada de la palabra de Dios o el escudo de la fe?

9. Solo porque Satanás ronde la tierra hoy no quiere decir que lo hará para siempre. Lee Romanos 16.20.
- ¿Qué dice este versículo sobre el futuro de Satanás y su poder en nuestras vidas?
- ¿Cómo estas verdades te dan esperanza para enfrentar hoy al enemigo?

10. ¿Cómo cambió o retó, este capítulo, tu perspectiva sobre Satanás?
- ¿Necesitas que te recuerden que él es una amenaza real y presente?
- ¿Necesitas que te recuerden que su poder sobre ti es finito en comparación con el poder de Cristo en ti?
- ¿O necesitabas recordar que, al final, Satanás será derrotado y su autoridad no prevalecerá?
- ¿Cómo puedes aplicar este conocimiento a cualquier tentación que estés enfrentando hoy?

CAPÍTULO 4

Heredero de Dios

1. ¿Has recibido alguna vez una herencia cuantiosa? ¿O has soñado despierto con recibir una algún día? ¿Cómo este regalo cambiaría tu vida para bien?

2. Las Escrituras dicen que somos «herederos de Dios y coherederos con Cristo» (Romanos 8.17). Un par de versículos antes de este, Pablo escribió: «Ustedes no recibieron un espíritu que de nuevo los esclavice al miedo, sino el Espíritu que los adopta como hijos y les permite clamar: "¡Abba! ¡Padre!"» (v. 15). ¿Qué significa ser adoptados por Dios?

3. En la antigua Roma la adopción era un asunto serio. Si un padre sentía que no tenía un heredero digno, podía escoger a alguien de la comunidad y adoptarlo, para heredar sus tierras y su riqueza. Según la ley romana esta adopción traía cuatro cambios importantes en la identidad del adoptado:

a. Perdía todo tipo de relación con su antigua familia y ganaba todos los derechos como miembro de la nueva familia.

b. Se convertía en heredero de los bienes de su padre.

c. Su antigua vida desaparecía completamente. Todas sus deudas legales eran canceladas como si nunca hubieran existido

d. Ante los ojos de la ley, el adoptado era literal y absolutamente hijo de su nuevo padre.[2]

- La audiencia de la Carta de Pablo a los Romanos habría entendido esto, ¿pero cómo cambia eso tu perspectiva como hijo adoptado de Dios?

- ¿Has aceptado que eres un hijo adoptado de Dios y estás listo para vivir tu herencia? ¿O todavía necesitas creer que has sido adoptado por Dios?

4. Lee 1 Crónicas 29.11, 12. ¿Qué tipo de herencia recibimos de nuestro Padre?

5. La historia de Josué dirigiendo a los israelitas a la tierra prometida de Canaán es una buena ilustración de cómo nosotros, como herederos de Dios, miramos nuestra herencia. Dios le dijo a Josué: «Ahora, pues, levántate y pasa este Jordán, tú y todo este pueblo, a la tierra que yo les doy a los hijos de Israel. Yo os he entregado, como lo había dicho a Moisés, todo lugar que pisare la planta de vuestro pie» (Josué 1.2, 3, RVR60).

Dios nos dice lo mismo a cada uno de nosotros: «Levántate y recibe la herencia que te prometí». Pero no todos creemos en esa herencia. Si te incluyeras en la historia de Josué, ¿dónde estarías?

- ¿Estás a la orilla del Jordán preguntándote si Dios realmente tiene una buena herencia para ti en la Tierra Prometida?

- ¿Estás buscando tu herencia pero no en la Tierra Prometida? Tal vez te hayas extraviado del camino y estás buscándola en otro sitio: en el trabajo, en tus relaciones o en tus riquezas.

- ¿O estás viviendo en la abundancia de la Tierra Prometida, recibiendo la herencia que Dios tiene para ti?

- Si estás cuestionando la herencia de Dios o si te has extraviado en el camino y estás buscando tu herencia en otro lugar, ¿qué necesitas creer acerca de Dios para que puedas vivir en la abundancia de la Tierra Prometida?

6. Al final del capítulo, Max cuenta la historia trágica y conmovedora de Hein y Diet, una pareja que escondía judíos durante la ocupación nazi de Holanda. ¿Cómo vivió esa pareja con la herencia que Dios les dio?

7. ¿Cómo puedes vivir con la herencia que Dios te ha dado?
- ¿Qué sientes que te falta hoy? ¿Paz? ¿Paciencia? ¿Amor? ¿Gracia?
- ¿Cómo puede Dios suplir esa necesidad y hacer más de lo que jamás hayas pedido?

8. ¿Cómo el vivir tu herencia le muestra el amor de Cristo a la gente que está a tu alrededor? ¿Cómo no vivir nuestra herencia afecta nuestro testimonio cristiano ante los demás?

CAPÍTULO 5

Tus oraciones tienen poder

1. ¿Qué papel ha desempeñado la oración en tu vida a través de los años; cuando eras niño, adolescente, adulto joven y hoy día? ¿Ha cambiado tu vida de oración o ha cambiado tu manera de pensar sobre la oración? Si es así, ¿cómo y por qué?

2. A principio de este capítulo Max relata la historia de Elías en 1 Reyes. Lee 1 Reyes 17.1-7 y 18.20-40.

   - ¿Cuánto tiempo estuvieron los profetas de Baal invocando a su dios por fuego (vv. 25-29)?

   - ¿Qué excusas dio Elías para explicar el silencio de Baal (v. 27)?

   - ¿Por qué Elías empapó el altar con agua (vv. 33-35)?

   - ¿Cuánto tiempo le tomó a Dios para responder la oración por fuego de Elías (vv. 36-38)?

   - ¿Por qué Elías quería que Dios llevara a cabo esta señal (vv. 36, 37)?

3. Lo más probable es que nunca hayas visto a Dios enviando fuego a la tierra en respuesta a alguna de tus oraciones, pero ¿has visto alguna vez a Dios responder directamente a una de tus oraciones de una forma milagrosa?
   - Si es así, ¿cómo eso afectó tu forma de ver a Dios?
   - ¿Cómo afectó tu vida de oración?
   - Si no, ¿cómo la falta de oraciones contestadas ha afectado tu forma de ver a Dios?
   - ¿Cómo ha afectado tu vida de oración?

4. Santiago 5.16 afirma: «La oración ferviente de una persona justa tiene mucho poder y da resultados maravillosos» (NTV). ¿Se te hace fácil cree esto o dudas del poder de la oración? ¿Por qué?

5. Dios no siempre contesta nuestras oraciones en el tiempo ni en la forma que queremos. Esto puede provocar que nos volvamos escépticos con la oración o que sintamos como si Dios estuviera distante y no le importáramos.
   - ¿Qué oración has estado haciendo que Dios todavía no ha contestado?
   - ¿Cómo afecta, esta oración sin respuesta, tu forma de ver a Dios?
   - ¿Por qué crees que Dios no la ha contestado todavía?
   - ¿En qué modo concilias un versículo como Santiago 5.16 con las oraciones que aún no han sido contestadas?

6. Llena el espacio en blanco: Max dice que a Dios le importan nuestras oraciones porque somos _____ de Dios.

7. Cuando oras, ¿ves a Dios como tu Padre y a ti como su hijo? Si no es así, ¿cómo te lo imaginas cuando hablas con Él?

8. ¿En qué manera el ver a Dios como tu Padre afecta la forma en que ves las oraciones no contestadas? ¿Por qué Dios a veces dice no? ¿Por qué guarda silencio algunas veces?

9. Si cuando un creyente ora los resultados son maravillosos, deberíamos orar por cada área de nuestras vidas. ¿Sobre qué no has orado que necesites llevar ante Dios? ¿Cómo podría ayudar la oración en esa situación?

10. Este capítulo incluye la historia sobre un cristiano llamado Dmitri que fue encarcelado en Rusia durante la era comunista. Estuvo diecisiete años en prisión, pero aun así adoraba a Dios, aun así oraba. ¿Qué le harían diecisiete años en prisión a tu fe y a tu vida de oración? ¿Cómo te alienta la historia de Dmitri?

11. Lee Mateo 18.19. ¿Qué dice este versículo sobre la oración y la comunidad? ¿Con qué frecuencia oras con otras personas? ¿Cómo podrías incorporar a tu vida la oración colectiva?

12. ¿Conoces a alguien que tenga una vida de oración abundante? ¿Cómo ha impactado su ejemplo tu perspectiva personal sobre la oración? ¿Qué has aprendido del ejemplo de un fuerte guerrero de oración?

13. Como eres gente de la promesa, ¿qué tipo de vida de oración te gustaría tener? ¿Qué pasos podrías comenzar a dar hoy para alcanzar esa meta?

CAPÍTULO 6

Gracia para los humildes

1. Define el *orgullo* en tus propias palabras.

2. Llena el espacio en blanco: Dios se opone a los orgullosos porque los orgullosos se oponen a _____.

3. La Biblia es clara y directa con respecto a la humildad y al orgullo. Lee Salmos 10.4; Proverbios 16.5; Proverbios 26.12; Isaías 2.12 e Isaías 5.21. Estos son solo algunos de los versículos que describen lo mucho que Dios aborrece el orgullo.
   • ¿Por qué crees que la Biblia aborda este tema tantas veces?
   • ¿Por qué Dios aborrece tanto el orgullo?

4. ¿En qué se parecen las historias trágicas de Bernie Madoff y del rey Nabucodonosor? ¿En qué se diferencian?

5. Piensa en algún momento en tu vida en el que fuiste orgulloso respecto a algo. ¿Cuáles fueron las consecuencias?

6. ¿Cómo perjudica el orgullo nuestra relación con los demás? ¿Cómo perjudica el orgullo nuestra relación con Dios?

7. La Biblia registra temprano un ejemplo de orgullo. Lee Génesis 3.1-6. ¿Qué papel desempeñó el orgullo en el primer pecado de Adán y Eva en el huerto?

8. Justo después que Adán y Eva pecaron, las Escrituras dicen: «Entonces fueron abiertos los ojos de ambos, y conocieron que estaban desnudos; entonces cosieron hojas de higuera, y se hicieron delantales» (Génesis 3.7, RVR60).
   • Compara este versículo con Génesis 2.25.
   • Adán y Eva sintieron vergüenza después de haber pecado, no antes. ¿Cómo crees que se relacionan las emociones del orgullo y la vergüenza?

9. Con frecuencia, el orgullo retribuye con vergüenza. A menudo lo usamos para cubrir nuestras inseguridades y temores. Sin embargo, el orgullo nunca nos liberará de esas cosas. Max dice que «encontramos una libertad maravillosa en el bosque de la humildad». ¿Qué significa esto? ¿Has sentido alguna vez que el orgullo es como una prisión? Si es así, explícalo.

10. Lee Romanos 8.1, 2. ¿Qué nos dicen estos versículos sobre nuestra vergüenza cuando estamos en Cristo? ¿Cómo la certeza

de que el sacrificio de Cristo se llevó nuestro pecado —y por ende, nuestra vergüenza— nos libera para llevar vidas humildes y no orgullosas?

11. En Filipenses, Pablo dijo que haber conocido a Cristo cambió el lugar donde colocaba su orgullo. Lee Filipenses 3.4-9.
- Antes de conocer a Cristo, ¿de qué alardeaba Pablo?
- Una vez que conoció a Cristo, ¿qué pensaba Pablo sobre las cosas que menciona en Filipenses 3.4-6?
- ¿Cómo el conocer a Cristo ha cambiado tu forma de alardear y sobre qué alardeas? ¿O ha cambiado la naturaleza de tu alarde?

12. Cuando terminaron sus siete años en el desierto, Nabucodonosor dijo: «Entonces alabé al Altísimo; honré y glorifiqué al que vive para siempre [...] Por eso yo, Nabucodonosor, alabo, exalto y glorifico al Rey del cielo, porque siempre procede con rectitud y justicia, y es capaz de humillar a los soberbios» (Daniel 4.34, 37).
- ¿Por qué le tomó tanto tiempo a Nabucodonosor para humillarse?
- En estos versículos, Nabucodonosor alabó a Dios. ¿Cómo allana, la humildad, el camino a la adoración? Y, ¿cómo el orgullo previene o impide la adoración?

13. Piensa por unos momentos en el orgullo y la vergüenza que sientes.

- Haz una lista de las áreas específicas de tu vida en las que pienses que puedas estar esclavizado al orgullo. ¿Por qué te sigues aferrando al orgullo? ¿Cómo podrías encontrar libertad en la humildad?

- Piensa en algunas áreas de tu vida de las que te sientas avergonzado. ¿Está alguna de ellas relacionada con las áreas de orgullo que mencionaste en la pregunta anterior?

- ¿De qué quieres liberarte hoy? ¿En qué modo podría el amor de Cristo ayudarte a alcanzar esa libertad hoy?

- ¿Cómo luciría tu vida si te liberaras de la vergüenza y del orgullo? ¿Cómo afectaría esto tus relaciones con los demás y con Dios?

CAPÍTULO 7

Dios te comprende

1. La encarnación es lo que separa el cristianismo de todas las otras religiones en el mundo. ¿Qué distingue la encarnación? ¿En qué se diferencia Jesús de los dioses que adoran otras religiones?

2. En Juan 1.1-18 leemos la bella historia de la encarnación. ¿Qué palabras se usan para Jesús en estos versículos? ¿Cómo lo describen? Subraya todas las descripciones o enuméralas en una lista.

3. La palabra griega que Juan usó para «Verbo» es *logos*. Su audiencia habría estado familiarizada con este término. Los filósofos griegos lo habían estado usando por mucho tiempo para describir una figura central o un ser divino que daba sentido y orden al universo.[3] Ahora que sabes esto, ¿por qué crees que Juan escogería esa palabra en particular para Jesús?

4. En muchas maneras, la encarnación es un acontecimiento misterioso que es difícil de comprender para nosotros. Ahora que has repasado Juan 1.1-18, ¿cómo le explicarías la encarnación a alguien?

5. Al hacer eco de 1 Juan, Pablo escribió: «Él [el Hijo] es la imagen del Dios invisible, el primogénito de toda creación, porque por medio de él fueron creadas todas las cosas en el cielo y en la tierra, visibles e invisibles, sean tronos, poderes, principados o autoridades: todo ha sido creado por medio de él y para él» (Colosenses 1.15, 16). Más adelante en Colosenses, Pablo dijo: «Toda la plenitud de la divinidad habita en forma corporal en Cristo» (2.9).

   • Estos versículos indican que Jesús era completamente Dios y completamente hombre. ¿Por qué tuvo Jesús que hacerse complemente hombre?

   • ¿Por qué tiene que seguir siendo completamente Dios?

6. ¿Crees que la divinidad de Jesús es importante para la fe cristiana? Sí o no. ¿Por qué?

7. Primera de Juan 4.2, 3 dice: «En esto conoced el Espíritu de Dios: Todo espíritu que confiesa que Jesucristo ha venido en carne, es de Dios; y todo espíritu que no confiesa que Jesucristo ha venido en carne, no es de Dios» (RVR60).

   • ¿Cómo sabes que alguien tiene el Espíritu de Dios?

   • ¿Cómo sabes que alguien no tiene el Espíritu de Dios?

8. Max escribió: «Si Jesús simplemente hubiera descendido a la tierra en la forma de un ser poderoso, lo respetaríamos pero nunca nos acercaríamos a Él... Si Jesús hubiera sido concebido por dos progenitores terrenales, nos acercaríamos a Él, pero ¿querríamos adorarlo?».

- ¿Tiendes a ver a Jesús a través de su humanidad o a través de su divinidad?
- ¿Cómo afecta esto tu relación con Él?
- ¿Cómo te beneficiarías si pensaras más sobre el otro lado de Jesús?

9. Lee los siguientes versículos: Marcos 4.38; Lucas 2.52; Juan 4.6 y Juan 12.27. ¿Cómo expresan esos versículos la humanidad de Jesús?

10. Piensa en alguna circunstancia difícil que estés enfrentando hoy. ¿Qué características de la humanidad de Jesús te ayudarían a conectarte con Él en medio de esta prueba?

11. Como Jesús se hizo carne, Dios nos comprende más de lo que podríamos imaginar. Hebreos 4.15, 16 dice: «Porque no tenemos un sumo sacerdote incapaz de compadecerse de nuestras debilidades, sino uno que ha sido tentado en todo de la misma manera que nosotros, aunque sin pecado. Así que acerquémonos confiadamente al trono de la gracia para recibir misericordia y hallar la gracia que nos ayude en el momento que más la necesitemos».

- Cuando te acercas a Dios en oración, ¿tienes la certeza de que recibirás gracia o le temes a la respuesta de Dios?
- En su calidad de nuestro Sumo Sacerdote, Jesús nos comprende. ¿Cómo afecta eso la forma en que nos acercamos a Dios en oración?

12. Pasa algún tiempo hoy delante del trono de Dios. Acércate a Él, consciente de que tu Sumo Sacerdote, Jesús, conoce y comprende todo lo que estás trayendo a los pies de Dios. Siéntete reconfortado hoy en su presencia porque tienes un Dios que te comprende.

CAPÍTULO 8

Cristo está orando por ti

1. ¿Qué promesa da origen a la esperanza inconmovible?

2. ¿Cuál es tu reacción inicial ante la idea de que Cristo ora por ti? ¿Habías considerado esto alguna vez?

3. Romanos 8.34 dice: «Cristo Jesús es el que murió, e incluso resucitó, y está a la derecha de Dios e intercede por nosotros».
   - Max habla sobre la palabra griega que traducimos como *interceder*. ¿Qué quiere decir?
   - ¿Qué significa el que Jesús interceda por nosotros?
   - Esa palabra se usa varias veces en las Escrituras. Lee Hebreos 7.24, 25 y Romanos 8.26, 27. ¿Qué dicen estos versículos sobre por *quién* intercede Jesús y el Espíritu, *cómo* interceden y *por qué* interceden?

4. ¿Has orado alguna vez por otra persona? Si es así, entonces has participado de la intercesión. Al tomar en consideración el fervor con el que puedes orar por otras personas, ¿cómo te ayuda eso a entender lo que significa para Cristo el interceder por ti?

5. Lee Mateo 14.22-32.
   - ¿Qué pasó mientras los discípulos estaban en el mar de Galilea?
   - ¿Dónde estaba Jesús y qué estaba haciendo?

6. Piensa en alguna «tormenta» en la que hayas estado o en la que estés en este momento; un tiempo difícil en tu vida con aguas oscuras y vientos amenazadores. ¿Pensaste que Jesús estaba intercediendo por ti ante el Padre durante ese tiempo? Si es así, ¿cómo afectó tu manera de enfrentar esa tormenta? Si no es así, ¿cómo habría cambiado la manera en que atravesaste ese tiempo difícil?

7. Max presenta un argumento común: «Si Jesús estaba orando, ¿por qué siquiera ocurrió la tormenta?». ¿Qué dice sobre esto? ¿Qué piensas sobre su respuesta?

8. En Juan 16.33 Jesús dijo: «En este mundo afrontarán aflicciones, pero ¡anímense! Yo he vencido al mundo».
   - ¿Cuáles son las dos promesas que Jesús hace en este versículo?
   - ¿Cómo puede eso ayudarnos a entender por qué pasamos por tormentas en la vida?

- Lee Juan 16.32. En este versículo, ¿qué tormenta se acerca a la que Jesús hace referencia?
- ¿Cómo te hace sentir el saber que Jesús también enfrentó tormentas?
- ¿Cómo afecta esto tu forma de ver las tormentas en tu propia vida?

9. Regresa a Mateo 14.22.
   - ¿Quién les pidió a los discípulos que se montaran en la barca y cruzaran el mar de Galilea?
   - ¿Cómo cambia eso la historia para ti? ¿Acaso el saber que la travesía fue idea de Jesús hace que veas la tormenta y su aparición en medio de ella de una forma distinta?
   - ¿Cómo podría esto cambiar la manera en que ves tus propias tormentas? ¿Cómo te podría dar esperanza?

10. Este capítulo incluye la historia del exitoso artista cristiano, Chris Tomlin y cómo Jesús intercedió a favor suyo cuando estaba atravesando una tormenta. ¿Alguna vez una tormenta ha producido algo bueno en tu vida? ¿Crees que Jesús tuvo algo que ver con eso? Si es así, explícalo.

11. Después que los discípulos vieron a Jesús caminando sobre el agua durante la tormenta, ¿qué hicieron que se escribió por primera vez en las Escrituras? (Ver Mateo 14.33.) ¿Qué crees que los motivó a adorar en ese momento?

12. Como gente de la promesa, podemos estar seguros de que Jesús está intercediendo por nosotros. Dedica algunos momentos de adoración en respuesta a esta verdad.

CAPÍTULO 9

No hay ninguna condenación

1. Max habla sobre dos maneras en las que tendemos a responder ante nuestra deuda espiritual. O tratamos de hacer más para ganarnos el cielo o tiramos la toalla derrotados, incapaces de creer en un Dios que exija tanto de nosotros. El legalista y el ateo. ¿Hacia cuál de estos extremos te inclinas?

2. En sus cartas, el apóstol Pablo con frecuencia discute este tema sobre cómo manejar nuestra deuda espiritual. ¿Por qué estaba él especialmente cualificado para escribir sobre este asunto? (Ver Hechos 9.1-20.)

3. Refiriéndose a Salmos 14, Pablo dijo en Romanos 3.10, 11: «Así está escrito: "No hay un solo justo, ni siquiera uno; no hay nadie que entienda, nadie que busque a Dios"».
   • ¿Quién es el estándar de justicia máximo?
     (Ver Hebreos 4.14, 15.)

- ¿Cómo te hace sentir el saber que una vida sin pecado es el estándar?

4. Lee Romanos 7.22-25. ¿Acaso la descripción de Pablo —de que era esclavo de la ley de Dios y al mismo tiempo esclavo de su naturaleza pecaminosa— resuena en ti? ¿De qué manera?

5. Romanos 8 es un capítulo importante en el Nuevo Testamento porque presenta la seguridad de nuestra salvación en Cristo. El capítulo comienza con una declaración audaz: «Por lo tanto, ya no hay ninguna condenación para los que están unidos a Cristo Jesús» (v. 1).
   - ¿Cómo resuelve, esa declaración, el dilema descrito en Romanos 7.22-25?
   - El lenguaje en esta declaración es terminante. No hay ninguna condenación. No un poco de condenación ni menos condenación, sino ninguna condenación para los que están unidos a Cristo Jesús. ¿Refleja tu vida que crees que eres libre de condenación? ¿O vives cargando el peso de la condenación?

6. Romanos 8.2 explica por qué es posible Romanos 8.1.
   - ¿Qué dice el versículo 2?
   - ¿Qué es la ley del Espíritu?
   - ¿Qué es la ley del pecado y de la muerte?

7. Lee Juan 19.28-30. ¿Qué ocurrió en la cruz? ¿Por qué ese acto es fundamental para esta conversación sobre libertad de la ley y libertad de la condenación?

8. Lee Marcos 15.37, 38. ¿Qué simboliza la rasgadura del velo del templo?

9. En Mateo 11 Jesús dijo: «Vengan a mí todos ustedes que están cansados y agobiados, y yo les daré descanso. Carguen con mi yugo y aprendan de mí, pues yo soy apacible y humilde de corazón, y encontrarán descanso para su alma. Porque mi yugo es suave y mi carga es liviana» (vv. 28-30). La mayoría de los rabinos no haría esta promesa. En los tiempos de Jesús había muchos rabinos que tenían grupos de seguidores. Se esperaba del seguidor de un rabino que estudiara y se aprendiera todas las leyes dadas al pueblo hebreo.[4] Esa era una tarea pesada.

- ¿Por qué entonces Jesús está diciendo que su carga es liviana y su yugo es suave?
- ¿Cómo el creer en Cristo nos trae descanso?
- ¿Cómo podría traerte descanso ahora mismo?

10. Como gente de la promesa podemos estar seguros de que no hay ninguna condenación rondando sobre nuestras vidas. ¿Estás seguro de esto? Si no, ¿qué te hace dudarlo?

CAPÍTULO 10

Esta tumba pasajera

1. Todo el mundo tiene una relación distinta con la realidad de la muerte. Algunos han hecho las paces con ella y están tranquilos. Otros le tienen miedo. Aun otros ni siquiera piensan en ella. ¿Cuál es tu relación con la muerte en este momento? ¿Cómo se hablaba de la muerte mientras crecías? ¿Qué decía la gente sobre ella? ¿Cómo te la explicaron?

2. ¿Has perdido a algún ser amado cercano? ¿Cómo fue esa experiencia? ¿Cómo afectó eso tu perspectiva sobre la muerte?

3. Existe todo tipo de creencias sobre lo que ocurre después que morimos. Unos creen en la reencarnación; otros creen que desaparecemos en la nada. Pero la fe cristiana tiene una visión única con respecto a la muerte. Lee Lucas 23.40-43.
   - ¿Qué nos enseña esta conversación sobre lo que ocurre después de la muerte?

- ¿Qué es el paraíso al que Jesús se refiere?

4. Max dice que el paraíso no es el final de nuestras jornadas después de la muerte. ¿Qué ocurre después? (Ver 1 Tesalonicenses 4.16.)

5. Juan 5 habla sobre nuestra resurrección: «Les aseguro que viene la hora, y es ahora mismo, cuando los muertos oirán la voz del Hijo de Dios; y los que la oigan, vivirán [...] y saldrán de las tumbas» (vv. 25, 29, DHH).

- ¿Qué imágenes te traen a la memoria estos versículos?
- Ahora lee 1 Corintios 15.42-44.

6. Max señala que nuestros cuerpos estarán completamente sanos y plenos cuando sean resucitados. Imagínate cómo será esto para ti. ¿Qué limitaciones físicas tienes hoy? ¿Cómo sería vivir sin esas limitaciones?

7. Aparte de la plenitud de nuestros cuerpos, la tierra también alcanzará plenitud. Apocalipsis 22.3 dice: «Ya no habrá maldición». Lee Génesis 3.16-19.

- ¿Qué maldiciones pronunció Dios contra la tierra y la humanidad?
- ¿Cómo lucirá este mundo sin ninguna maldición?

8. A pesar de que la Biblia es clara sobre lo que nos ocurre después que morir y dice que lo mejor está aún por venir para todos los que creemos, ¿por qué, aun así, le tememos a la muerte? ¿Por qué seguimos haciendo todo lo posible para evitarla?

---

9. Segunda de Corintios 4.18 dice: «No mirando nosotros las cosas que se ven, sino las que no se ven; pues las cosas que se ven son temporales, pero las que no se ven son eternas» (RVR60).

- Max habla sobre la palabra griega que Pablo usa para «mirar». ¿Cuál es esa palabra? ¿Qué significa?

- ¿Cómo puedes fijar tus ojos en lo que no ves?

- ¿Cómo te anima esta perspectiva eterna en cualquier situación difícil que estés pasando en este momento?

10. No importa la etapa de la vida en la que estés, dedica unos momentos para pensar en tus días finales. ¿Cómo te gustaría sentirte con respecto a la muerte una vez que esté cerca? ¿Qué tiene que cambiar ahora en tu mentalidad o en tu corazón para prepararte para ese momento?

11. La promesa en este capítulo es que a causa de Cristo, «la muerte ha sido devorada por la victoria» (1 Corintios 15.54). Reflexiona en la muerte y la resurrección de Jesús. ¿Cómo pueden esos acontecimientos darte esperanza no solo para la gloria futura sino para hoy?

CAPÍTULO 11

La alegría llegará pronto

1. En este momento, ¿qué te hace sentir que no tienes esperanza, algo que verdaderamente haga que te desesperes; algo que, cuando lo miras, no ves una salida ni una posibilidad de cambio?

2. Este capítulo habla sobre María Magdalena, un personaje central en los evangelios. ¿Cómo conoció María a Jesús? (Ver Lucas 8.1-3.)

3. Juan 19.25 dice que María Magdalena se paró junto a la cruz de Jesús con la mamá y la tía de Jesús. ¿Qué dice esto sobre la relación de María con Jesús?

4. Lee Juan 20.1-11.

- ¿Cuál es la diferencia entre la reacción de María ante la tumba vacía, y las reacciones de Simón Pedro y de Juan?

- ¿Qué te dice esto sobre María y sobre cómo debió haberse sentido en aquel momento?

5. Reflexiona en tu respuesta a la primera pregunta. ¿Cómo reaccionas cuando no tienes esperanza? ¿Cómo lidias con eso?

6. Romanos 5.3-5 es uno de los pasajes sobre la esperanza más queridos en las Escrituras. Pablo escribió: «Y no solo en esto, sino también en nuestros sufrimientos, porque sabemos que el sufrimiento produce perseverancia; la perseverancia, entereza de carácter; la entereza de carácter, esperanza. Y esta esperanza no nos defrauda, porque Dios ha derramado su amor en nuestro corazón por el Espíritu Santo que nos ha dado».

- De acuerdo a estos versículos, ¿qué precede a la esperanza?
- La palabra griega usada para *perseverancia* en este pasaje es *jupomoné*. Una de las definiciones de *jupomoné* es «resistencia o aguante alegre (o esperanzado), constancia, paciencia».[5] ¿Cómo puede, el sufrimiento, producir resistencia o un aguante alegre (o esperanzado)?
- ¿Cómo modeló María el tipo de perseverancia *jupomoné* después que vio la tumba vacía?

7. Reflexiona en un tiempo en el que te hayas sentido desesperanzado en algún área de tu vida.
- ¿Qué ocurrió en ese escenario?
- ¿Ves algún propósito en ese sufrimiento?

- ¿Produjo algunos de los frutos de perseverancia, entereza de carácter o esperanza de los que habla Pablo en Romanos 5.3-5?

8. Salmos 30.5 dice: «El llanto podrá durar toda la noche, pero con la mañana llega la alegría» (NTV). Lee el resto de la historia de María en la tumba en Juan 20.11-18.
   - ¿Cómo refleja la experiencia de María en la tumba esta verdad de que con la mañana llega la alegría?
   - ¿Cómo ejemplifica esta historia lo que aprendimos sobre la esperanza en Romanos 5.3-5?

9. María estaba segura de que Jesús estaba muerto porque lo vio morir. Estaba segura de que su cuerpo había sido robado porque había encontrado la tumba vacía. Sin embargo, su desesperanza se convirtió en una esperanza asombrosa tan pronto Jesús pronunció su nombre (Juan 20.16).
   - ¿Qué te dice eso sobre la circunstancia que ahora parece desesperante?
   - ¿Podría Jesús estar pronunciando tu nombre aun en medio de eso? ¿Cuándo has escuchado su voz o lo has visto obrar durante este momento difícil?

10. Max dijo que la mejor noticia del mundo no es que Dios creó el mundo. ¿Cuál es la mejor noticia de todas?
    - ¿Cómo te da esperanza el saber que Dios te ve y te ama?
    - ¿Podrías encontrar esperanza en tu circunstancia aparentemente desesperante aun cuando esa circunstancia no cambie?

———

11. Termina estos momentos leyendo Salmos 103.8-13. Aprópiate del pasaje: Dios es muy tierno y bondadoso; no se enoja fácilmente, y es muy grande su amor [por mí]. No [me] reprende todo el tiempo ni [me] guarda rencor para siempre. No [me] castigó como merecían [mis] pecados y maldades. Su amor por [mí que lo honro] es tan grande e inmenso como grande es el universo. Apartó de [mí] los pecados que [cometí] del mismo modo que apartó los extremos de la tierra. Con quienes lo honran, Dios es tan tierno como un padre con sus hijos (TLA).

CAPÍTULO 12

Recibirás poder

1. ¿Qué viene a tu mente cuando piensas en el Espíritu Santo?
   ¿Qué tipo de imágenes o experiencias despierta eso en ti?

2. La primera vez que leemos sobre el Espíritu Santo es en la
   historia de la creación en Génesis 1.2: «Y la tierra estaba
   desordenada y vacía, y las tinieblas estaban sobre la faz del
   abismo, y el Espíritu de Dios se movía sobre la faz de las aguas»
   (RVR60). ¿Qué nos dice sobre la importancia del Espíritu Santo
   el que se mencione justo al principio de la Biblia?

3. La Trinidad se compone de tres partes: Padre, Hijo y Espíritu
   Santo.
   • Cuando piensas en tu fe, ¿a quién ves desempeñando el
     papel principal, al Padre, al Hijo o al Espíritu Santo? ¿Por
     qué?

- ¿A quién en la Trinidad diriges tus oraciones con más frecuencia? ¿Por qué?
- ¿Ves al Espíritu Santo como una figura activa en tu vida diaria? Si es así, ¿cómo? Si no, ¿por qué?

4. ¿Cuáles son las cuatro palabras que Max usa para describir la forma en que el Espíritu Santo interactúa con nosotros?

5. Lee Efesios 1.13-21.
- ¿Qué nos dice este pasaje sobre el poder del Espíritu Santo en nosotros?
- Efesios 1.19, 20 dice que el mismo poder que resucitó a Cristo de entre los muertos vive en nosotros. ¿Qué piensas sobre esto? ¿Se te hace fácil o difícil creerlo? ¿Por qué?

6. En Gálatas 5.22, 23 leemos que el fruto del Espíritu Santo es «amor, alegría, paz, paciencia, amabilidad, bondad, fidelidad, humildad y dominio propio».
- ¿Cómo damos este tipo de fruto?
- ¿Qué papel desempeña el Espíritu Santo en nuestro proceso de fructificación?

7. Max dice: «No se les pide a los santos que creen unidad, sino que mantengan la unidad que el Espíritu provee. La armonía siempre es una opción porque el Espíritu siempre está presente».
- ¿Qué piensas sobre esta afirmación?
- ¿Cuál ha sido tu experiencia con respecto a la unidad entre los creyentes?

- ¿Cómo podría el Espíritu Santo traer unidad a tu comunidad?

8. Lee Juan 16.12-15.

- ¿Qué dice este pasaje acerca del rol del Espíritu Santo en el discipulado?
- ¿Cómo nos guía el Espíritu Santo a la verdad?
- Cuando piensas en el trayecto de tu vida cristiana, ¿cómo te ha revelado el Espíritu Santo la verdad?

9. El Espíritu Santo nos da poder, crea unidad entre los cristianos, nos guía a la verdad y también nos hace santos. Otra palabra para *santo* es *santificado*. En 1 Corintios 6.11 leemos: «Pero ya han sido lavados, ya han sido santificados, ya han sido justificados en el nombre del Señor Jesucristo y por el Espíritu de nuestro Dios».

- La palabra griega para *santificar* quiere decir «hacer santo, purificar o consagrar».[6] ¿Qué área de tu vida ha santificado el Espíritu Santo?
- En 2 Corintios 3.18 leemos: «Así, todos nosotros, que con el rostro descubierto reflejamos como en un espejo la gloria del Señor, somos transformados a su semejanza con más y más gloria por la acción del Señor, que es el Espíritu». Nuestra salvación es un acontecimiento que ocurre una vez, pero el proceso de santificación —de hacernos más santos— es continuo. ¿Qué área de tu vida aún no ha sido santificada?

- A veces tratamos de hacer la obra de santificación por nosotros mismos. Como dijo Pablo: «Después de haber comenzado su nueva vida en el Espíritu, ¿por qué ahora tratan de ser perfectos mediante sus propios esfuerzos?» (Gálatas 3.3, NTV). ¿Hay algún área en tu vida en la que estés tratando de santificarte por ti mismo? ¿Cómo podrías permitirle al Espíritu Santo que se involucre otra vez en ese proceso?

10. ¿Estás produciendo el fruto del Espíritu? ¿Eres amoroso, alegre, pacífico, paciente, amable, bondadoso, fiel, humilde y tienes dominio propio? ¿O te está faltando el fruto del Espíritu? Toma tiempo para reflexionar en esto.

    - ¿En qué áreas estás permitiendo que el Espíritu Santo obre?
    - ¿En qué áreas no estás permitiendo que el Espíritu Santo trabaje?

CAPÍTULO 13

La justicia prevalecerá

1. Identifica algo que haya ocurrido en tu vida que no fue justo. ¿Cómo te hizo sentir eso? ¿Cómo afectó tu perspectiva de Dios?

2. Antes de leer este capítulo, ¿qué sabías sobre el día del juicio?
   - Si creciste yendo a la iglesia, ¿se hablaba frecuentemente en ella sobre el juicio de Dios? Si fue así, ¿cómo recibiste este mensaje?
   - Si no creciste oyendo sobre el juicio de Dios, ¿cómo recibiste el mensaje en este capítulo?

3. Lee lo que la Biblia dice acerca del juicio de Dios en los siguientes pasajes: Mateo 12.36; Hechos 17.30-31; Romanos 14.10; 2 Corintios 5.10 y Apocalipsis 20.11, 12.
   - ¿Cuándo ocurrirá el día del juicio?
   - ¿Quiénes serán juzgados?

- ¿Cómo serán juzgados?

4. Esta idea de la justicia y del juicio es una espada de doble filo. Por un lado, es bueno saber que Dios juzgará a los que nos han maltratado. Por otro lado, es inquietante saber que nosotros también seremos juzgados. ¿Cómo te hace sentir esta tensión?

5. ¿Qué papel desempeñará Cristo en nuestro juicio? (Ver Romanos 2.16.)

6. Nuestro perdón absoluto nunca será más evidente que cuando seamos juzgados con Cristo a nuestro lado. ¿Te sientes completamente perdonado por Dios?
   - Si no es así, ¿a qué pecado o a qué cargas te estás aferrando todavía?
   - ¿Qué aspecto de tu vida no crees que haya sido perdonado?

7. Max señala que en el día del juicio no seremos juzgados solo por nuestros errores, sino que también se reconocerán nuestras buenas obras. Como dice en Hebreos 6.10: «Porque Dios no es injusto como para olvidarse de las obras y del amor que, para su gloria, ustedes han mostrado sirviendo a los santos, como lo siguen haciendo».
   - ¿Alguna vez has hecho una buena obra que no haya sido reconocida? ¿Estabas esperando un reconocimiento pero nunca lo recibiste? ¿Cómo fue esa experiencia? ¿Te desilusionaste por no haber sido reconocido por tu trabajo?

- Ahora que sabes que Dios ve todo lo que haces, ¿cómo te anima eso a hacer el bien aun cuando no seas reconocido por ello?

8. La parábola de los talentos cuenta la historia de tres siervos a los que su amo les encargó sus bienes. Lee la parábola Mateo 25.14-30.
    - ¿Qué simboliza el talento en esta historia?
    - Los dos primeros siervos multiplicaron sus talentos. ¿Qué simboliza su acción?
    - El tercer siervo enterró su talento, ¿qué simboliza su acción?
    - ¿Qué quiso decir el amo cuando afirmó: «Porque a todo el que tiene, se le dará más, y tendrá en abundancia. Al que no tiene se le quitará hasta lo que tiene» (Mateo 25.29)?

9. El amo les dijo a los primeros dos siervos: «¡Hiciste bien, siervo bueno y fiel! Has sido fiel en lo poco; te pondré a cargo de mucho más. ¡Ven a compartir la felicidad de tu señor!». (Mateo 25.21, 23). Todos anhelamos escuchar estas palabras en el día del juicio.
    - ¿Por cuáles obras tienes la esperanza de que Jesús te reconozca? ¿Con qué te gustaría haber sido fiel?
    - ¿Qué talentos crees que Dios te ha dado que podrías usar para la obra del reino? ¿Cómo podrías dar más frutos con lo que has recibido?

10. La gente de la promesa no tiene ninguna razón para temer al día del juicio. Y la gente de la promesa puede tener fe en que la justicia de Dios prevalecerá.

- ¿Le temes al juicio de Dios? Toma unos momentos para hablar con Él sobre tus temores.

- ¿Hay en tu vida alguna circunstancia o persona que creas que necesite la justicia o el juicio de Dios? Presenta ante Cristo a esa persona o circunstancia. Pídele que te ayude a rendir la situación a la soberanía de Dios para que así no tengas que llevar más esa carga.

CAPÍTULO 14

Promesas inquebrantables, esperanza inconmovible

1. Este capítulo habla de la esperanza como un ancla. ¿En qué manera es la esperanza el ancla del alma?

2. Hebreos 6.19-20 dice: «Tenemos como firme y segura ancla del alma una esperanza que penetra hasta detrás de la cortina del santuario, hasta donde Jesús, el precursor, entró por nosotros, llegando a ser sumo sacerdote para siempre». «Detrás de la cortina del santuario» es el Lugar Santísimo. Antes de la muerte de Jesús, solamente el sumo sacerdote podía entrar en esa parte del templo y solo podía hacerlo una vez al año para ofrecer un sacrificio a Dios a favor del pueblo.

   • ¿Cuál es la importancia de que Jesús entre en el Lugar Santísimo a favor nuestro?

- ¿Qué tiene que ver eso con la esperanza? A fin de cuentas, ¿en qué está anclada nuestra esperanza?

3. Repasa las promesas que presenta este libro:

   Dios te ha dado sus preciosas y magníficas promesas.

   Has sido estampado con la imagen de Dios.

   Los días del diablo están contados.

   Eres un heredero de Dios.

   Tus oraciones tienen poder.

   Hay gracia para los humildes.

   Dios te comprende.

   Cristo está orando por ti.

   No hay ninguna condenación para los que están unidos a Cristo Jesús.

   Esta tumba es pasajera.

   La alegría llegará pronto.

   Recibirás poder a través del Espíritu Santo.

   La justicia prevalecerá.

   - ¿Cómo hace Jesús que cada una de estas promesas sea posible? O, ¿cómo cumple cada promesa?
   - ¿Qué tipo de esperanza tenemos fuera de Cristo?

4. Llena los espacios en blanco: «Como nadie puede quitarte a tu _____, nadie puede quitarte tu _____».

5. Max cuenta la trágica historia de Jonathan McComb, el hombre que perdió a su esposa y a sus dos hijos en una inundación. ¿Cómo reaccionaste a las palabras que dijo Jonathan en el funeral de su familia?

6. ¿Alguna vez has sentido esperanza en medio de la tragedia? ¿Cómo la sentiste? ¿Por qué tuviste esperanza a pesar de que la situación parecía no tenerla?

7. Piensa en lo que tu esperanza está anclada en este momento.
   - ¿Está anclada en las promesas de Dios por medio de Cristo o, si eres sincero, está anclada en otra cosa?
   - Una buena manera de probar esto es preguntándote: «¿Sin qué o sin quién no puedo vivir?». Lo que sea o quien sea, es en lo que está anclada tu esperanza.
   - ¿Qué nos impide anclar nuestra esperanza en las promesas de Dios?

8. Isaías 40.31 nos hace una promesa hermosa: «Pero los que *esperan* a Jehová tendrán nuevas fuerzas; levantarán alas como las águilas; correrán, y no se cansarán; caminarán, y no se fatigarán» (RVR60, énfasis del autor). La Nueva Versión Internacional traduce este versículo: «Pero los que *confían* en el SEÑOR renovarán sus fuerzas» (énfasis del autor). La palabra hebrea traducida aquí como «esperar» y «confiar» es *cavá*. Que significa tanto esperar como confiar.[7] ¿Cómo esperamos en el Señor con confianza y esperanza?

9. Regresa a la pregunta 3 y relee la lista de promesas.
   - ¿Cuál de estas promesas necesitas más en este momento? ¿Por qué?
   - ¿Cómo podrías hoy mantenerte firme en esa promesa?

10. Este libro no incluye todas las promesas que Dios hizo puesto que la Biblia está llena de promesas de Dios. Haz una lista de otras promesas que Dios ha hecho que son especiales para ti.

11. Eres gente de la promesa. Después de leer este libro, ¿qué significa esto para ti?
    - ¿Cómo el creer que era gente de la promesa cambia tu manera de interactuar con Dios, con otros y contigo mismo?
    - ¿Cómo el ser gente de la promesa te da una esperanza inconmovible?

12. Declara estas palabras sobre tu vida: *Edificaré mi vida en las promesas de Dios. Como sus promesas son inquebrantables, mi esperanza será inconmovible. Los vientos seguirán soplando. La lluvia continuará cayendo. Pero al final, me mantendré firme... firme en las promesas de Dios.*

Notas

Capítulo 1: Las preciosas y magníficas promesas de Dios

1. «Religion: Promises», *Time*, 24 diciembre 1956, http://content.time.com/time/magazine/article/0,9171,808851,00.html.

2. Sally C. Curtin, Margaret Warner y Holly Hedegaard, «Increase in Suicide in the United States, 1999-2014», *NCHS Data Brief*, n.º 241 (Hyattsville, MD: National Center for Health Statistics, 2016). Copia digital en https://cdc.gov/nchs/data/databriefs/db241.pdf.

3. Dwight L. Moody, *How to Study the Bible*, edición actualizada (Abbotsford, WI: Aneko Press, 2017), pp. 114-15.

Capítulo 3: Los días del diablo están contados

1. Jim Burgess, «Spectators Witness History at Manassas», *Hallowed Ground Magazine*, primavera 2011, https://www.civilwar.org/learn/articles/spectators-witness-history-manassas.

2. Ibíd.

3. Ibíd.

4. Ibíd.

5. Louis J. Cameli, *The Devil You Don't Know: Recognizing and Resisting Evil in Everyday Life* (Notre Dame, IN: Ave Maria Press, 2011), p. 79.

6. «Most American Christians Do Not Believe That Satan or the Holy Spirit Exist», Barna, 13 abril 2009, www.barna.com/research/most-american-christians-do-not-believe-that-satan-or-the-holy-spirit-exist/.

7. Carter Conlon, con Leslie Quon, *Fear Not: Living Courageously in Uncertain Times* (Ventura, CA: Regal Books, 2012), pp. 52–53.

Capítulo 4: Heredero de Dios

1. Jeane MacIntosh, «Homeless Heir to Huguette Clark's $19M Fortune Found Dead in Wyoming», *New York Post*, 31 diciembre 2012, http://nypost.com/2012/12/31/homeless-heir-to-huguette-clarks-19m-fortune-found-dead-in-wyoming/.

2. Suzanne Burden, «Meet the Dutch Christians Who Saved Their Jewish Neighbors from the Nazis», *Christianity Today*, 23 noviembre 2015, www.christianitytoday.com/ct/2015/december/meet-dutch-christians-saved-their-jewish-neighbors-nazis.html.

Capítulo 5: Tus oraciones tienen poder

1. «Elijah», Behind the Name, www.behindthename.com/name/elijah, and «Yahweh», Behind the Name, www.behindthename.com/name/yahweh.

2. Nik Ripken, con Gregg Lewis, *The Insanity of God: A True Story of Faith Resurrected* (Nashville, TN: B&H Publishing, 2013), pp. 147-58.

Capítulo 6: Gracia para los humildes

1. Andrew Kirtzman, *Betrayal: The Life and Lies of Bernie Madoff* (Nueva York: Harper, 2010), p. 232.

2. Ibíd., p. 9.

3. «The Hanging Gardens of Babylon», Herodotus, 450 BC, www. plinia.net/wonders/gardens/hg4herodotus.html, y Lee Krystek, "The Hanging Gardens of Babylon," The Museum of Unnatural Mystery, 1998, www.unmuseum.org/hangg.htm.

4. Mark Mayberry, «The City of Babylon», *Truth Magazine*, 17 febrero 2000, http://truthmagazine.com/archives/volume44/V44021708. htm.

Capítulo 7: Dios te comprende

1. Thomas Lake, «The Way It Should Be: The Story of an Athlete's Singular Gesture Continues to Inspire. Careful, Though, It Will Make You Cry», *Sports Illustrated*, 29 junio 2009, www.si.com/vault/2009/06/29/105832485/the-way-it-should-be.

2. Ibíd.

Capítulo 8: Cristo está orando por ti

1. W. E. Vine, *Diccionario expositivo de palabras del Antiguo y Nuevo Testamento exhaustivo de Vine* (Nashville, TN: Grupo Nelson, 1998), pp. 461-462.

2. «Chris Tomlin Most Sung Songwriter in the World», CBNNews. com, 2 julio 2013, www.cbn.com/cbnnews/us/2013/july/chris-tomlin-most-sung-songwriter-in-the-world/.

3. Nick Schifrin, «President Obama Writes Fifth Grader's Excuse Note», ABC News, 3 junio 2012.

4. Nika Maples, *Twelve Clean Pages: A Memoir* (Fort Worth, TX: Bel Esprit Books, 2011), pp. 129-30.

Capítulo 9: No hay ninguna condenación

1. M. J. Stephey, «A Brief History of the Times Square Debt Clock», *Time*, 14 octubre 2008, http://content.time.com/time/business/article/0,8599,1850269,00.htm.

2. Henry Blackaby y Richard Blackaby, *Being Still with God: A 366 Daily Devotional* (Nashville, TN: Thomas Nelson, 2007), p. 309.

3. Karl Barth, *Church Dogmatics*, vol. 4, tomo 1, *The Doctrine of Reconciliation*, trad. G. W. Bromiley, ed. G. W. Bromiley y T. F. Torrance (London: T&T Clark, 2004), p. 82.

Capítulo 11: La alegría llegará pronto

1. Johnny Dodd, «Amanda Todd: Bullied Teen Made Disturbing Video Before Her Suicide», *People*, 17 octubre 2012, www.people.com/people/article/0,20639528,00.html, y «Suicide of Amanda Todd», *Wikipedia*, http://en.wikipedia.org/wiki/Suicide_of_Amanda_Todd.

2. Brennan Manning, *Lion and Lamb: The Relentless Tenderness of Jesus* (Grand Rapids, MI: Chosen Books, 1986), pp. 21-22.

3. El nombre es ficticio.

4. Dale Carnegie, *How to Stop Worrying and Start Living*, ed. rev. (Nueva York: Pocket Books, 1984), pp. 196–98.

Capítulo 13: La justicia prevalecerá

1. Ray Sanchez, «Sandy Hook 4 Years Later: Remembering the Victims», CNN, 14 diciembre 2016, www.cnn.com/2016/12/14/us/sandy-hook-anniversary-trnd/.

2. John Blanchard, *Whatever Happened to Hell?* (Wheaton, IL: Crossway Books, 1995), p. 105.

3. Salmos 62.12; Romanos 2.6; Apocalipsis 2.23; 18.6; 22.12.

4. Os Guinness, *Unspeakable: Facing Up to the Challenge of Evil* (San Francisco: Harper San Francisco, 2005), pp. 136-37.

Capítulo 14: Promesas inquebrantables, esperanza inconmovible

1. Ben Patterson, *The Grand Essentials* (Waco, TX: Word Books, 1987), p. 35.
2. Lynda Schultz, «The Story Behind the Song», *Thrive*, www.thrive-magazine.ca/blog/40/.
3. Ibíd.

Preguntas para reflexionar

1. Timios, Bible Study Tools, s. v. «timios», https://www.biblestudytools.com/lexicons/greek/nas/timios.html.
2. Craig S. Keener, *The IVP Bible Background Commentary: New Testament* (Downers Grove, IL: InterVarsity, 1993), p. 430.
3. Ibíd., p. 264.
4. Ibíd., p. 77.
5. Bible Study Tools, s. v. «hupomone», https://www.biblestudytools.com/lexicons/greek/nas/hupomone.html.
6. Bible Study Tools, s. v. «hagiazo», https://www.biblestudytools.com/lexicons/greek/nas/hagiazo.html.
7. Bible Study Tools, s. v. «qavah», https://www.biblestudytools.com/lexicons/hebrew/nas/qavah.html.

La guía del lector de Lucado

Descubre... dentro de cada libro por Max Lucado, vas a encontrar palabras de aliento e inspiración que te llevarán a una experiencia más profunda con Jesús y encontrarás tesoros para andar con Dios. ¿Qué vas a descubrir?

3:16, Los números de la esperanza
...las 28 palabras que te pueden cambiar la vida.
Escritura central: Juan 3.16

Acércate sediento
...cómo rehidratar tu corazón y sumergirte en el pozo del amor de Dios.
Escritura central: Juan 7.37–38

Aligere su equipaje
...el poder de dejar las cargas que nunca debiste cargar.
Escritura central: Salmo 23

Aplauso del cielo
...el secreto a una vida que verdaderamente satisface.
Escritura central: Las Bienaventuranzas, Mateo 5.1–10

Como Jesús
...una vida libre de la culpa, el miedo y la ansiedad.
Escritura central: Efesios 4.23–24

Cuando Cristo venga
...por qué lo mejor está por venir.
Escritura central: 1 Corintios 15.23

Cuando Dios susurra tu nombre
...el camino a la esperanza al saber que Dios te conoce, que nunca se olvida de ti y que le importan los detalles de tu vida.
Escritura central: Juan 10.3

Cura para la vida común
...las cosas únicas para las cuales Dios te diseñó para que hicieras en tu vida.
Escritura central: 1 Corintios 12.7

Él escogió los clavos
...un amor tan profundo que escogió la muerte en una cruz tan solo para ganar tu corazón.
Escritura central: 1 Pedro 1.18–20

El trueno apacible
...el Dios que hará lo que se requiera para llevar a sus hijos de regreso a él.
Escritura central: Salmo 81.7

En el ojo de la tormenta
...la paz durante las tormentas de tu vida.
Escritura central: Juan 6

En manos de la gracia
...el regalo mayor de todos, la gracia de Dios.
Escritura central: Romanos

Enfrente a sus gigantes
...cuando Dios está de tu parte, ningún desafío puede más.
Escritura central: 1 y 2 Samuel

Gracia
...el regalo increíble que te salva y te sostiene.
Escritura central: Hebreos 12.15

Gran día cada día
...cómo vivir con propósito te ayudará a confiar más y experimentar menos estrés.
Escritura central: Salmo 118.24

La gran casa de Dios
...un plano para la paz, el gozo y el amor que se encuentra en el Padre Nuestro.
Escritura central: El Padre Nuestro, Mateo 6.9–13

Más allá de tu vida
...un Dios grande te creó para que hicieras cosas grandes.
Escritura central: Hechos 1

Mi Salvador y vecino
...un Dios que caminó las pruebas más difíciles de la vida y todavía te acompaña en las tuyas.
Escritura central: Mateo 16.13–16

Sin temor
...cómo la fe es el antídoto al temor en tu vida.
Escritura central: Juan 14.1, 3

Todavía remueve piedras
...el Dios que todavía obra lo imposible en tu vida.
Escritura central: Mateo 12.20

Un amor que puedes compartir
...cómo vivir amado te libera para que ames a otros.
Escritura central: 1 Corintios 13